社区书系　助力乡村振兴基层干

U0599701

农业产业化经营与农业技术推广工作创新

NONGYE CHANYEHUA
JINGYING YU NONGYE JISHU
TUIGUANG GONGZUO CHUANGXIN

李锦顺　主编

华龄出版社
HUALING PRESS

图书在版编目(CIP)数据

农业产业化经营与农业技术推广工作创新 / 李锦顺
主编. -- 北京：华龄出版社，2021.12
　　ISBN 978-7-5169-2133-3

　　Ⅰ．①农…Ⅱ．①李…Ⅲ．①农业产业化－经营管理
－研究－中国②农业科技推广－研究－中国　Ⅳ．
①F320.1②F324.3

中国版本图书馆 CIP 数据核字(2021)第 265705 号

策　　划	社区部　善爱社工		责任印制	李末圻	
责任编辑	薛　治　李芳悦		装帧设计	唐韵设计	

书　　名	农业产业化经营与农业技术推广工作创新	作　　者	李锦顺		
出　　版	华龄出版社 HUALING PRESS				
发　　行					
社　　址	北京市东城区安定门外大街甲 57 号	邮　　编	100011		
发　　行	(010)58122255	传　　真	(010)84049572		
承　　印	三河市腾飞印务有限公司				
版　　次	2022 年 3 月第 1 版	印　　次	2022 年 3 月第 1 次印刷		
规　　格	710mm×1000mm	开　　本	1/16		
印　　张	15	字　　数	166 千字		
书　　号	ISBN 978-7-5169-2133-3				
定　　价	54.00 元				

本书编委会

顾　问:谢青梅

主　　编:李锦顺

副主编:吴曼妮　彭　颖

编　委:刘惠苑　王　傅　邓莉平　黄俊添

　　　　张运红　夏　珑　邵　岑　赖新成

　　　　李　松　张永乐　周　超　李晓莹

为社会基层治理服务，打造社区所需的精品图书
——华龄出版社"社区书系"倾情奉献

"社区书系"是为适应新时代基层社会治理需要，深入贯彻党的十九届四中全会、五中全会关于"构建基层社会治理新格局""社会治理特别是基层治理水平明显提高"的重要部署，落实习近平总书记关于"建立一支素质优良的专业化社区工作者队伍"的指示要求而策划编写的，旨在为社区工作人员提供系统的社区工作理论和方法指导，提高社区工作者的理论素养和工作能力，推进社区治理体系与治理能力现代化。

"社区书系"是一个融图书、视频、服务为一体的新型复合出版工程，内容体系包括三个方面：

纸质图书　通过纸质图书阅读，为社区工作者提供系统的理论和方法指导。

线上课程　通过视频课程、网络直播课程，深化重点知识，解读难点知识。

专家服务　通过线下培训、现场诊断等，解决社区工作中存在的问题症结。

华龄出版社是中国老龄协会主管主办的中央部委出版社，为出版"社区书系"专门成立了"社区部"，全面统筹谋划出版。"社区书系"计划出版图书200种，覆盖社区工作各个方面，现面向全国诚邀熟悉社区工作的专家、学者加盟"社区书系"出版计划，一起为中国社区的发展繁荣出一份力！

社区视频培训讲座

前　言

　　乡村兴则国家兴,乡村衰则国家衰。全面建成小康社会和全面建设社会主义现代化强国,最艰巨最繁重的任务在农村,最广泛最深厚的基础在农村,最大的潜力和后劲也在农村。实施乡村振兴战略,是以习近平同志为核心的党中央着眼于党和国家事业全局,深刻把握现代化建设规律和城乡关系变化特征,顺应亿万农民对美好生活的期待做出的重大决策部署,是决胜全面建设小康社会、全面建设社会主义现代化国家的重大历史任务,是做好新时代"三农"工作的总抓手,也是解决新时代我国社会主要矛盾、实现"两个一百年"奋斗目标和中华民族伟大复兴的中国梦的必然要求,具有重大现实意义和深远历史意义。

　　近年来,中共中央、国务院连续发布中央一号文件,提出一系列乡村振兴战略的原则,对新发展阶段优先发展农业农村、全面推进乡村振兴作出总体部署,为做好当前和今后一个时期"三农"工作指明了方向。同时,我们也应当清醒地看到,乡村振兴是一项长期而艰巨的战略任务,不可能在短期内完成。近年来,我国的"三农"工作取得了明显的成效,但是也存在着很多困难和问题,距离实现农业农村现代化尚有一定的差距,如各地"三农"发展规划设计缺乏系统性、科学性、可操作性和可持续性,导致力量分散、步调不一、行动盲目、落实难、效果差。尤其是农村基层工作人员,对于如何实施乡村振兴战略并不是十分明晰,不知道从何着手,缺乏科学的工作思路和有效的工作方法,导致某些地方的"三农"工作缺乏成效,乡村治理成效并不显著。

为了响应党的乡村振兴战略，推动乡村振兴战略的实施，解决当前"三农"工作存在的难题，根据党的乡村振兴战略的路线、方针、政策，参照党和国家关于乡村振兴战略的原则，我们进行了深入的市场调研和周密的选题策划，由著名社会科学专家李锦顺博士担任主编，并组织了一批长期活跃在乡村振兴工作一线的专家、学者、优秀工作人员担任编委，编写了"助力乡村振兴基层干部培训系列图书"。"助力乡村振兴基层干部培训系列图书"一共有10册，分别是《乡村旅游的开发与运营》《发挥本地优势发展乡村特色产业》《美丽乡村建设100例》《乡村治理体系的健全与发展》《农村合作社运营与发展》《休闲农业的开发与运营》《电子商务助力乡村振兴》《乡村生态宜居环境建设》《提高农民收入的新思路新途径》《农业产业化经营与农业技术推广工作创新》。

"助力乡村振兴基层干部培训系列图书"在全面总结提炼全国"三农"发展实践和经验的基础上，深入探究乡村振兴规律，系统提出乡村振兴路径，认真推荐乡村振兴典型，提出了新时代乡村振兴的思路、举措、方法、案例，以全局视角解读乡村振兴战略，以实地案例审视乡村未来发展。在大量的调查研究基础之上，围绕着中国乡村振兴诸问题，分别从乡村旅游、农村电子商务、乡村特色产业、美丽乡村建设、农村合作社、农业产业化经营与农业技术推广、农民增收、休闲农业、乡村治理、乡村生态宜居环境等10个方面，对如何实施乡村振兴战略提出了一系列切实可行的工作指导方法和针对性意见，以期从事乡村治理的政务工作人员和广大基层工作者以这套书作为借鉴，从中得到工作启示和方法指导，更好地指导工作实践，为实施乡村振兴战略、实现农业农村现代化做出更大的贡献。

"助力乡村振兴基层干部培训系列图书"有以下几个特点：

1. 专家团队编写，内容权威专业

本书由著名社会科学专家李锦顺博士担任主编，由一批长期从事"三农"问题研究和"三农"工作的专家、学者、优秀"三农"工作者参与编写，从选题策划到内容编写，期间反复讨论、调研，并广泛听取了社科院教授、政府干部、农村基层工作人员的意见进行修改完善，因此，图书内容的专业性、权威性是毋庸置疑的。

2. 图书视角独特，观点清晰鲜明

本书始终遵循"以助力实施乡村振兴战略为抓手，提供切实可行的思路和方法，解决实际问题"的选题和编写思路，精准选择乡村旅游、农村电子商务、乡村特色产业、美丽乡村建设、农村合作社等十个方面作为破解当前"三农"工作瓶颈的突破口，一本书就是一部解决三农问题的专著，就是一种工作思路和方向，针对性强，观点鲜明。

3. 深入实证调研，极具参考价值

作者多年来一直坚持深入农村进行实地调研考察，编写时参考了诸多在乡村进行实地调研得来的案例及一手资料，从而能够从实际情况出发，针对"三农"工作中的诸多问题作出鞭辟入里的分析、论述，提出可行性很强的方法建议。可以说，本系列图书丰富了学界关于乡村振兴战略的理论成果，同时对政策制定部门来说也有着很高的参考价值。

4. 语言深入浅出，内容紧接地气

编写人员充分考虑到乡村振兴的这十个领域学科实践性强的特点，力求理论阐述准确、案例分析清楚，并充分考虑到各个行业快速发展变化的现状，将学界最新的研究成果、数据、资料、案例穿插于理论之中，以提高内容的时效性；在结构编排上，注重结构的层次性和逻辑性，尽力做到脉络清晰、条理分明；在文字表述上，坚持深入浅出和通俗易懂的原则,语言力求精练、准确,使其符合绝大多数读者的认知能力。

5.既有理论指引,更有方法指导

本书将国家战略和地方实践、学术成果有机结合,高屋建瓴地提出了很多富有见地和独创性的理论,给广大农村基层工作者提供了思想理论指导,同时又针对相关问题,结合典型案例提出了一系列切实可行的操作方法,为实施乡村振兴战略提供了可借鉴、可参考、可推广的样本示范,值得广大读者细读、精读、深读。

总之,本系列图书视角独特,观点鲜明,切中肯綮,发人深省,不仅丰富了乡村振兴战略理论,同时对乡村振兴的政策制定和具体实施也有很高的参考价值。它是一套学习"三农"知识的优秀图书,也是一套有助于提高乡村干部工作能力的权威教材,更是一套新时代学习、贯彻、实施乡村振兴战略的优秀参考读物。

这套书在策划、编写过程中,得到了众多涉农专业的教授、专家、学者和政府干部、农村基层工作人员的宝贵指导,使本书内容更趋专业、科学、严谨,在此对他们表示衷心的感谢! 由于时间仓促,编者能力水平有限,书中难免存在不当之处,还请广大读者和行业人士不吝赐教,共同探究和提高。

编　者

目 录

第一章　农业产业化经营概述

　　党的十九大报告强调农业农村农民问题一直是改善国计民生的根本性问题,坚持把解决好"三农"问题作为我国发展的重中之重。实施乡村振兴战略,坚持农业农村优先发展,让农业成为有奔头的产业。按照产业兴旺、生态宜居、乡风文明、治理有效、生活富裕的总要求,推动城乡融合,推进农业农村现代化是当前工作的重大决策部署。其中,产业兴旺是乡村振兴的基石,是乡村长效发展的重要抓手。在传统农业的发展基础上,注入新时代的智慧,以农业产业为突破点,以农业产业化为经营手段,推动农民增收、农业增效、农村增能,实现传统农业和现代农业的有效衔接,有利于加快农业现代化的发展。

　　我国农业的产业化经营发展已久,这一概念最早是1992年山东省在总结其农业产业发展实践时提出的,而后广受党中央和各省份的关注与推广,至今约有30年的历程,其在增加农民收入、优化农业产业结构、农业产业融合发展等多个方面发挥出了前所未有的作用。本章主要从农业产业化经营的内涵、特征、发展历程、新型农业经营主体等内容进行介绍,以期启发更多的农民朋友、农村干部,助推农业产业化发展。

第一节 农业产业化经营的概念、特征

一、农业产业化经营的概念

随着中国社会的快速发展,农业创新发展的生命力得以显现。在新中国成立初期,在总结长期农业发展实践的基础上,我国提出并确定以家庭承包经营为基础,统分结合的双层经营体制,培育乡镇企业,极大地提高农民生产的积极性,有力地促进了农业农村的发展。农业产业化经营是继家庭承包经营制度之后,创新推动农业发展的重大举措,成为农业发展的重要指南。关于农业产业化经营的概念界定,从地方到中央,从农业实践者到农业研究者,都有不同的观点,较为经典的概念界定主要有以下三种。

1995 年 12 月 11 日,《人民日报》发表《论农业产业化》社论。文章在介绍山东产业化实践经验的基础上,指出农业产业化经营是以国内外市场为导向,以提高经济效益为中心,对当地农业的支柱产业和主导产品实行区域化布局、专业化生产、一体化经营、社会化服务、企业化管理,把产供销、贸工农、经科教紧密结合起来的全过程。

1997 年,全国农业产业化会议上,农业产业化经营被界定为以市场为导向,以农户为基础,以龙头企业或农民自主决策的合作社等中介组织为纽带,通过将农业生产过程的产前、产中、产后诸环节联结成一个完整的产业系统,实行种养加、产供销、农工商一体化经营的经济运行方式。

农业经济学家牛若峰认为,农业产业化经营即农业产业化一体化经营,是以市场为导向,以农民为基础,以龙头企业为依托,以经济效益为中心,以系列化服务为手段,通过实行种养加、产供销、农工商一体化经营,将农业在生产过程的产前、产中、产后诸环节联结为一个农业自我积累、自我调节、自立发展的基本运行机制,各参与主体自愿结成的利益共同体。

经济学家陈吉元认为,农业产业化是兼具市场化、社会化、集约化三大特性的农业。市场化即以市场为导向,依据市场的需要调整农业产业结构及其产量。社会化即要求逐步扩大农业的生产经营规模,实行农业生产的专业化分工,以及加强农业生产、加工和流通等再生产诸环节的内在有机联系,直至达到一体化。集约化的农业,则是相对于粗放农业而言的,包括要求有更多的资金、科学技术的投入,通过结构优化、技术进步和实施科学管理,提高农业经济效益。

总体而言,不同的概念虽表述各异,但没有本质区别,都提及了农业产业化经营的多个要点,包括导向为国内外市场、基础为农民及其农业产品、纽带为龙头企业或中介组织、经营方式为一体化等。随着社会现代化的发展,农业技术化、信息化、数字化也成为农业产业化经营的手段,这有利于丰富农业产业化经营的内涵。

编者认为,农业产业化经营可以界定为:面向国际国内市场,以经济最大化效益为中心,以龙头企业、农民合作社、家庭农场等农业产业利益联合体为经营纽带,将农民的小生产与大市场有机衔接起来,培育并发展具有区域特色的农业产业,将一二三产业融合的观念渗透到农业产业经营过程中,将产业的产前、产中、产后融为一体,将农商品的产加销整合起来,拉长产业链,同时提高农业商品的核心竞争力,延长产业的价值链,使农业产业更具市场化、专业化、社会化、集约化。

二、农业产业化经营的特征

农业产业化经营是我国社会主义市场经济发展的产物,是农业发展的创新方式,更是解决我国三农问题的行动智慧,其在发展的过程中呈现出多方面的特征。

（一）产品商品化

产品商品化即产品市场化，将农产品变为商品，才能将劳动转换为资本，才能使农民增收获益，进而为产业兴旺、乡村振兴提供坚实的基础。农业产业化是以国际国内市场为导向，将市场规律作为农业产业化的经营准则。如今的农业产业化不是自给自足的小农经济、服务农民自身的小生产，而是面向市场需求，在对农业土地、资金、劳动力等资源进行优化配置的基础上的大生产，也可理解为满足市场需求的商业性农业。如果不以市场需求为生产导向，而采取随心所欲、根据喜好进行劳作耕种，过着"看天吃饭"的生产生活，以耕种为生计来源的农民很难提高经济水平，这也称不上产品商品化。

产品变为商品是一个漫长的过程，需要经过市场调研、产品生产、加工、包装、销售、宣传等多元复杂的环节。这要求农业产业经营者或相关组织具备多项的能力，需要农业产业经营者或相关组织洞悉市场需求、明晰生产方向、打造商品化产品等内容，降低产业化经营过程中自然和市场风险，增加产品的价值，使产品更具市场竞争力，实现商品化，进而实现农民、消费者及相关的企业组织的多赢局面。

（二）过程专业化

农业产业化经营的过程包括农产品的生产、加工、包装、销售及其他相关的服务，过程的专业化是指按照市场需求，围绕某种农产品的生产形成种养加、产供销、服务网络为一体的专业化经营体系，细化各环节的内容，将各项服务做到精细化、专业化，提供高品质高价值的农业产品，才能获取消费者青睐，占据市场份额。农业产业化经营的每一个环节都可以当作一个部门，每一个部门负责产品在这一环节的数量和质量，进而将合格、优质的产品传送到下一个部门。这正如社会分工，每个环节环环相扣，相互影响，相互连接，若某一环节把关不严，则会影响产品的最终质量。

层层把关、每一个专业化分工的阶段都有利于提高农产品的生产效率质量,进而提高产业经营的经济效益。80 年代后期我国出现的"专业户""专业村""专业乡"到 90 年代的"专业基地",再到现在的"专业镇""一村一品""一镇一业"等都是农业产业化兴起或繁荣发展的重要表现形式。这些重要的表现形式也日益成为各地农业发展的标杆和样板,成为农村产业兴旺的重要载体。至今,我国农业农村部已连续开展了十次全国"一村一品"示范村镇的认定工作,累计认定了 3367 个村镇为全国"一村一品"示范村镇。随着国家对"一村一品"示范村镇的认定,各省、市、区、县也开展各层级的"一村一品"示范点的认定。

（三）生产规模化

农业产业化的生产不是几家几户的精耕细作,而是千家万户的大规模生产,利用连片的土地、调动大量的人力、物力和财力资源,充分发挥出多元资源的最大优势,形成规模效应,创造某一区域的产业优势,进而凸显农业产业化的优越性。生产规模化是过程专业化的进一步深化,通过生产的规模化降低生产的成本,能提高收益。规模化的生产是产业快速发展的趋势,但也要考虑市场需求和产业发展方向,所以不是规模越大就越能带来更大的经济效益,而是应该在适合规模能产生一定效益的情况下,根据国际国内市场发展适度加大生产的规模。

生产规模化往往需要借助现代化的技术支撑,如今农机的大力推广、标准化生产、大棚蔬菜基地的搭建对规模化生产有促进作用。通过农机的使用,农业生产者的时间得到了高效的利用,从以往半天收割几亩稻田,到现在半天收割十几亩,生产效率几倍、十几倍甚至几百倍地提升,这也使得农民可以扩大生产。如今国家落实承包土地所有权、承包权、经营权"三权"分置,开展经营权入股、抵押,探索宅基地所有权、资格权、使用权"三权分置",对土地经营进行再一次的创新推动。实施"三权分置"的重点就是放活土地经营权,优化土地资源的配置,提高土地的利用率,为土地规模经营提供帮助,也是支持农业产业规模化,推动现代农业发展的重大举措。

（四）技术现代化

农业产业化经营离不开现代化技术的广泛应用。2019 年中央一号文件明确指出要做好"三农"工作,实施农业关键核心技术攻关行动,强化创新驱动发展。将现代化的技术置于农业生产、加工等过程,能突破生产过程中的痛点难点,还能大大地减少人力成本,但这并不是意味着淘汰农民,而是要将农民培养成新时代懂农业技术的新型农民,用农业技术知识武装农民的脑袋,让农业技术成为农民发挥农业智慧的"新农具",提高农民的生产能力。现代化技术的应用还有利于提高农产品的核心竞争力,通过新技术的投入,有些产业的农产品得到精细化的呵护,定时定量地为植物输送水分与营养物质,使农产品标准化地产出。

农业数字化是农业产业化经营应用现代化技术的重要内容。通过大数据对市场需求进行调研,将物联网应用于农业生产,将自动化机械用于生产、检测收成,通过电子商务销售农产品,再到如今的直播带货等加快了农业产业化经营的步伐,拉近农民与市场的距离,使农产品以更快速、高效的方式生产、销售,送到消费者的手上。

（五）经营一体化

农业产业化、经营一体化是农业产业化经营最显著的特征。经营一体化是以国际国内市场需求为导向,将农产品的各环节通过多元化的方式有机地连接成一条产业链,使产品的生产、加工和销售纵向结合,将农工商织成综合产业网,将部分外部经济链条融于自身生产经营中,减少交易程序和交易风险,降低经营成本,提高农业纵向规模与组织效益,进而形成新型的农业产业化经营局面。在实际产业化经营过程中,经营一体化呈现多样形式,如产销一体化、产加销一体化、种养加一体化、种养加销等一体化形式,在经营模式上,也有"龙头企业＋农户""龙头企业＋合作社＋农户"等。经营一体化的形成让更多的农民、农业合作社享受到了现代农业发展红利。

（六）服务社会化

农业产业化经营涉及的内容十分广泛,随着农业产业分工的细化,它需要社会化的服务给予辅助性的支持,如在选择培育某一产业前,需要明晰市场关于该产业商品的信息、相关生产资料工具等资源的提供;在产品生产过程中,需要根据产品的性质引入相关的农业生产技术、检测技术及仪器、庄稼的防虫防灾等内容;在产品的加工过程,需要涉及产品的分类、粗加工、精加工、包装、储存、运输等内容;在产品销售的过程中,可能会涉及产品的保存、销售、代购代销等;在产业扩大发展环节,还会涉及资金的融通、借贷信贷、农业保险等各方面的内容。

一个家庭农场、生产基地组织或一家龙头企业是不可能包揽产业化经营的所有过程的,将部分内容"分"给其他社会主体,如通过契约或合同等形式与农民合作,将产品的生产过程交给农民,此时,农民可以借助企业的资金投入、引入或研发的农业技术、企业经营管理等优势,优化农业产业生产,提高农业生产效率,提高经济收入。这对于企业来说,也有可能降低产业化经营的成本,扩大消费者市场,实现资本的累积,壮大企业发展。为推广农业社会化服务的优秀经验,农业农村部通过征集、遴选、推介全国农业社会化服务的典型案例,尤其是农业服务企业、农村集体经济组织、农民合作社、供销合作社系统开展社会化服务的典型样本,以发挥其示范引领作用。

典型案例

山东省淄博市思远农业开发有限公司:标准化让生活更美好!

山东省淄博市思远农业开发有限公司(简称:思远农业)成立于2004年,致力于中国现代农业的绿色、高效和可持续发展,是一家集技术研发、教育培训、技术服务、绿色农产品生产、农投品供应、农产品流通于一体的社会化服务机构,思远农业于2016年被确定为山东省农业社会化服务标准化试点单位。其探索总结了"六化三标准"社会化服务模式,即通过组织化建设、职业化培训、标准化生产、专业化服务、品牌化运营、信息化平台"六化服务",作物生产技术标准、社会化服务标准和农业服务管理标准"三标准",推动设施蔬菜产业转型发展,助力农业产业化经营。

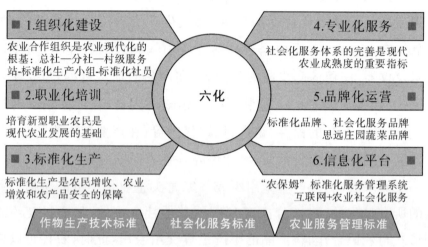

图 思远"六化三标准"社会化服务模式

组织化建设。思远农业以合作社为基础构建现代农业组织构架,构建总社—分社—村级服务站—标准化生产小组—标准化社员五级构架,依靠组织架构,层层开展精准服务,促使组织高效运行。目前,思远模式已成功推广到全国 12 个省市的 98 个加盟分社,设立了 3600 余个村级服务站,服务全国 13 万多名标准化社员,托管 61 家种植园区。

职业化培训。思远农业依托五大平台(思远农业职业化平台、全国农业科技云平台、山东省农业标准化培训(实训)平台、山东省农广校平台),采取田间课堂、职业培训、农民夜校、远程教育四大培训形式,提升职业农民素质,培养高素质的新时代农民。目前已录制相关的教学片、课程 1300 余课,编写教材 16 部,共计 150 余万字。

标准化生产。思远农业践行"标准化让生活更美好"的理念,在适用的法律、法规指导下,制定标准化方针与目标与标准化规定,搭建服务通过基础标准体系,进而衍生出服务保障标准体系和服务提供标准体系与岗位工作标准体系,严格标准化建设与服务。其较有特色的是组织建设标准、生产技术标准、生产服务标准、教育培训标准和信息服务标准。

专业化服务。思远农业依托服务平台,由作物专家、客服专家、运营经理、技术指导员和其他平台服务人员提供五维一体的服务,包括农技服务、宣教服务、全面位无短板服务。

品牌化运营。思远农业打造"标准、服务、科技、绿色"品牌内涵,通过打造智慧农业标准化服务平台,成立智慧农业院士工作站提高服务的科技化水平,通过创建农产品生产过程通用管理系统、绿色食品认证和打造思远状元等打造绿色品牌。

信息化平台。思远农业与国家农业信息化工程技术研究中心合作开发了"农保姆"管理系统,指导和保障全国 13 万余名的标准化社员的标准化生产,使合作社实现了数据化管理、精准化服务。

思远农业通过制定、培训、执行、服务、认证五大准备构建了作物生产技术标准、社会化服务标准和农业服务管理标准"三标准",共包含 307 项,其中通过基础标准 42 项,服务保障标准 103 项,岗位工作标准 43 项,通过全面实施标准引领、模式输出,有效服务农业产业生产,助推农业供给侧改革,为促进小农户与现代农业发展有效衔接,进而推动乡村振兴。

(七)建设品牌化

农业产业化的成功离不开产业的品牌建设。在把农产品的品质把控好的基础上,将产品的宣传推广工作做到位能提高产品的社会认知度、吸引消费者的关注、赢得消费市场。品牌是指以独特的符号、图片、文字等各样载体显现产品信息的无形资产,可以代表某一服务、产品、企业或者组织的综合实力。农业产业化经营是以一种联合扩大的农业组织为基础,为链接各组织成员,获得市场认可,需要有一个独特的名字,这是品牌形成的最初要求。再者,产业大规模化的生产经营目的是为了经济效益,获得消费市场,这就要求产业化经营者或组织重视产品品牌形象的建设。将产品与品牌连接起来,实施品牌战略,使消费者能快速地将该产品与其他产品区分开来。若农产品进入国际市场,品牌则是其必需的身份证,如我们保宁牌的绿色食品、有机食品、无机蔬菜等都可以获得更多的市场机会。

农业产业化经营是建设品牌化的重要基础,优势产业的突出、产品的商品化、生产的规模化、现代化技术的支持等能保证产品的质量,为产业品牌奠定基础。品牌化的建设反过来也要求农业产业化经营者和组织把控好每一个生产经营环节,将品牌意识融入到各环节中,打造出独具特色的农业产业,促使产业化进一步发展。品牌化是一个手段,将农产品推向国际国内市场的手段,也是一个过程,将优势产业产品打造成品牌产业产品的过程。

第二节 农业产业化经营的组成要素

农业产业化经营覆盖内容繁多,其基本组成要素包括主导产品、生产基地、农业产业化经营主体、利益机制、市场体系、农业社会化服务体系六个方面。

一、主导产业

主导产业是指在一定区域范围内能充分利用当地资源优势或资源潜力,产品市场需求要旺盛或前景看好,在现有产业结构中处于带动作用的产业。简而言之,就是龙头企业加工所需要的原始农产品的产业。在农业产业化经营中,主导产业是基础,更是纽带,因为它具有很强的关联效应,上联市场,下接农户,把生产基地和各产业化经营主体联结起来,形成"风险共担、利益共享"的共同体。在产业政策支持的大环境下,一个依托当地优势资源并以市场为导向进行区域化、专业化发展的产业能以较强的生命力生长起来,进而促进农业产业化经营。

选择农业主导产业,需要把握以下几个原则:

市场导向原则。国际国内市场需求是确定主导产业的重要前提和最高准则。有需求的产业才会有产业发展、壮大的可能。农业产业化经营者或组织需要对市场需求做调研,做科学的分析、研究和预测,选择农业产业进行发展。

资源优势原则。农村优势资源涉及内容十分广泛,包括土地、气候等资源,有熟悉农村气候、土地环境的农民等人力资源及产业相关的政策资源,充分发挥农村资源优势,可以提高农业产业的核心竞争力。我国"十四五"规划纲要多次提到"特色产业":"因地制宜发展特色产业","推动特色产业可持续发展","发展各具特色的现代乡村富民产业","建设优势农产品产业带和特色农产品优势区"等。主导产业更要发挥优势资源,将"特色"理念贯穿到产业链中。

产业关联原则。主导产业不是该地区孤立的产业,它具有带动产业群形成与发展的作用,能为该产业链条提供原料,促进产业链条集中优化发展。

高新技术原则。科学技术是第一生产力,提高农产品产量、改善农产品品质、减轻农民劳动强度等主要依赖于农业生产技术,作为区域的农业主导产业应具有深厚的技术储备和先进的农业技术,可以促进带动农业现代化的实现。

可持续发展原则。主导产业不仅是该区域的支柱产业也是未来可持续发展的龙头产业,要在生态文明建设的基础上,保护生态环境,不对后代的生存和发展构成危害。

二、生产基地

生产基地是农业产业化经营的重要组成内容,是龙头企业和其他新型农业产业经营者的依托,是龙头企业与农户联结的纽带。搞好生产基地的建设,对农业产业化经营有着重要的基础作用。

（一）生产基地的分类

根据生产基地与龙头企业的地域关系,可分为同域生产基地和异域生产基地。

同域生产基地是指与龙头企业配置在同一地域内的生产基地。

异域生产基地则是指与龙头企业配置在不同区域的生产基地。

按生产基地联结农户的方式分类,可分为协会型生产基地、合作型生产基地、统种分管型生产基地、服务组织型生产基地、行政指导型生产基地。

协会型生产基地,即以协会方式把农户联结起来的生产基地。

合作型生产基地,即不动摇家庭承包经营的基础上,以合作方式将农户连接起来的生产基地。

统种分管型生产基地,是将双层经营体制与农业产业化经营联系起来而形成的一种类型,即以集体统一服务将农户连接起来的生产基地。

服务组织型生产基地,以专业系列化服务将农户连接起来的生产基地。

行政指导型生产基地,以行政指导方式组织而形成的生产基地,实际上是通过行政手段把农户的生产选择权限定在少数几个专业方向,由此形成专业生产小区。

按基地生产内容分类,可分为种植业生产基地、林业生产基地、畜牧业生产基地、水产业生产基地等。

按生产基地与龙头企业的联结程度,可分为紧密联结型生产基地、半紧密联结型生产基地、松散联结型生产基地。

紧密联结型生产基地,是指龙头企业采取股份合作、租赁、联营等方式取得农户土地使用权或生产指挥权,统一规划、统一组织种养、统一管理、统一收购而形成的基地。

半紧密联结型生产基地,是指龙头企业根据加工需要,与基地村或专业农户签订服务和购销合同而建立的生产基地。

松散联结型生产基地,是指由龙头企业向农户提供信息,保证收购,由农户自行决定生产的基地。

(二)生产基地的建设原则

农产品生产基地,是保证主导产品系列开发和市场占有份额及商品批量稳定供给的基础。建立农产品生产基地,应本着因地制宜、合理规划、相对集中、高产高效的要求,把基地建设与主导产业的形成和龙头企业的发展紧密结合起来。

合理布局。把基地建在最适合某类作物种植或某类畜禽(水产品)饲养的地方,既要考虑自然、地理等方面的适宜性,也要考虑交通、经济方面的合理性,还要考虑生态平衡和可持续发展问题。

生产名特优新产品。一是选择质量好,满足人们需要的新品种;二是技术含量要高,适合专业化和集约化生产;三是市场前景好,经济效益高。

应用先进技术。生产基地要适合大规模采用良种良法,加工、贮藏、保鲜、运输要采用新的工艺和设备,以及应用新的经营管理和营销手段。

进行集中化生产。把有限的人力、物力、财力集中于一定产业和产品,形成商品批量生产。

利用现有资源。利用本地资源、技术、交通等优势,形成特色产业群体。各地根据不同情况可形成自己的主导产业,如围绕粮食加工转化,带动食品加工业、饲料业、酿造业、纸箱业生产的发展;围绕畜产品加工转化,带动肉食加工、皮毛皮革加工、肠衣加工等畜产品加工业的发展;围绕油料加工转化,带动油脂加工、医药保健的发展;围绕水果加工转化,带动果品罐头加工、果汁饮料系列加工业的发展,等等。

三、农业产业化经营主体

农业产业化涉及多元化的经营主体,包括龙头企业、农民专业合作社、家庭农场、专业大户、普通农户等,接下来主要介绍龙头企业、农民专业合作社、家庭农场、专业大户的基本内容。

(一)龙头企业

龙头企业是农业产业化经营的关键主体。农业产业化龙头企业,是指在农业产业化经营中,依托农副产品生产基地建立的,能够带动农户,并与基地农户形成风险共担、利益共享的产加销一条龙、贸工农一体化的新型企业组织形式。龙头企业一般应具有开拓市场、引导生产、加工转化、销售服务等综合功能,可以是加工企业,也可以是流通企业等。具有带动农户能力强、辐射面大、资金力量相对雄厚的特点。

办好龙头企业,应注意以下几点:

选好产品和产业。一是市场前景好,经济效益高;二是符合国家产业政策;三是充分利用当地资源,突出地方特色;四是加工增值潜力大,科技含量高。

不要盲目上新项目。在技改扩等方面多下功夫,避免重复建设。

充分利用现有农副产品加工、流通企业。无论是乡镇企业、合资企业、农垦企业,还是个体私营企业,谁的市场开拓能力强,带动农户面大,谁就做"龙头"。

发展股份制、股份合作制。通过发展股份制、股份合作制等,建立产权明晰、权责明确、分配合理、资金收益率高,充满生机与活力的龙头企业。

建立新型的利益关系。要探索和建立龙头企业与农民之间合理的利益关系,实现共同发展。

积极引进和应用先进科学技术。通过采用起点较高的科学技术,增强企业实力,扩大经营规模,提高经济效益。

当前,我国注重对龙头企业的培育与扶持,据中央关于"在全国选择一批有基础、有优势、有特色、有前景的龙头企业作为国家支持的重点"的要求,制定的《农业产业化国家重点龙头企业认定和运行监测管理办法》,由国家农业部、国家发改委、国家财政部、国家商务部、中国人民银行、国家税务总局、中国证监会、全国供销合作总社8个部门共同认定农业产业化国家重点龙头企业,增强农业产业化龙头企业的辐射带动作用。经认定公布的国家重点龙头企业,可以享受有关优惠政策。国家重点龙头企业所属的控股子公司,其直接控股比例超过50%(不含50%)的,且控股子公司以农产品生产、加工或流通为主业,可享受国家重点龙头企业的有关优惠政策。

（二）农民专业合作社

农民专业合作社,是指在农村家庭承包经营基础上,农产品的生产经营者或者农业生产经营服务的提供者、利用者,自愿联合、民主管理的互助性经济组织。农民专业合作社享受国家规定的对农业生产、加工、流通、服务和其他涉农经济活动相应的税收优惠。三个以上的农民专业合作社在自愿的基础上,可以出资设立农民专业合作社联合社。

农民专业合作社可以分为农民专业协会、村级经济合作社、贸工农一体化企业三种基本模式。农民专业协会是农村改革开放以来农民自愿结合的经济组织,通过某一项产品共同开发、生产、经营,或就某一产品的生产技术进行交流、推广和学习,而形成的专业性组织。村级经济合作社是由从事同类或者相关农产品的生产经营者,按照加入自愿、退出自由、民主管理、盈余返还的原则进行共同生产、经营、服务活动的"民办、民管、民受益"的互助性经济合作组织。是在经济发达地区一些原村一级集体经济组织的基础上,社区内的农民进行分工,成立专业化的生产组织。一些原来从事生产、经营活动的企业为了拉长产业链条、拓展生产经营范围而介入了农业生产,这些企业利用其资金、技术、科研、管理等方面的优势,把农业专业化生产提升到较高水平上,对农民进行一定的专业技能培训,使其成为企业员工,按要求向企业提供初级产品,然后,对农产品再进行专业化程度更高的精加工和深加工,从而形成贸工农一体化联合经营企业。

(三)家庭农场

家庭农场作为新型农业经营主体,以农民家庭成员为主要劳动力,以农业经营收入为主要收入来源,利用家庭承包土地或流转土地,从事规模化、集约化、商品化农业生产,保留了农户家庭经营的内核,坚持了家庭经营的基础性地位,适合我国基本国情,符合农业生产特点,契合经济社会发展阶段,是农户家庭承包经营的升级版,已成为引领适度规模经营、发展现代农业的有生力量。

目前,我国家庭农场主要分为种植类、养殖类和种养结合类家庭农场。各类家庭经营对于资金、技术、农场主等要求具有差异性。

类型	具体形式	创建要求
种植类家庭农场	粮食生产类、蔬菜生产类、果树生产类等	自然资源禀赋好、具备相应的管理技术
养殖类家庭农场	畜养殖类、禽养殖类、水产养殖类	对资金、专业知识、现金技术及管理能力要求较高
种养结合类家庭农场	种植和养殖结合	综合性强,对技术、资金等要求较高

资料来源:海燕等编著的《家庭农场主的成功秘诀》,北京:中国农业出版社2020年版,第2页。

根据我国农业地理特征和家庭农场的发展状况,可分为东北模式、华北模式、南方模式和西北模式四种模式的家庭农场。

模式	特点	经营对象
东北模式	经营规模较大、机械化水平高、边境贸易发达	粮食、林业
华北模式	特色化经营、区域合作性强	蔬菜、粮食
南方模式	土地流转快、劳动力素质高、政策支持力度大	水稻、水产、林业
西北模式	规模化林牧业、节水农业	畜牧业、种植业

资料来源:海燕等编著的《家庭农场主的成功秘诀》,北京:中国农业出版2020年版,第4页。

（四）专业大户

在中央提出"家庭农场"概念之前,我国已经存在的、和其功能接近的经营主体是专业大户。分田单干以来,国家鼓励土地向专业大户、种粮能手集中。专业大户主要围绕某一种农产品从事专业化生产,种养规模明显地大于传统农户或一般农户。专业大户具有以下两个特征:其一,从称呼上看,专业大户更多的是一种口语化的表达,缺少对其本质性特征和内涵的展示,而仅仅显示了其土地规模和养殖规模大这一表面特征。而且,根据不同地方的自然地理特征和耕种条件,各地对大户土地种植规模的界定标准也不同。其二,从经营状况来看,虽然其经营土地的面积较大,但专业大户的土地承包关系并不稳定。在中西部农村,由于大量的青壮年劳动力外出打工,某些留守的家庭成员不愿意耕种土地的前提下,其他留守农民具有流入土地进而成为种植大户的可能。

四、利益机制

产业化经营不是单纯的一买一卖,而是通过入股或严密的契约(合同)关系,把企业、合作社、农民、相关组织有机联结成一个稳定的产业化经营利益联合体,利益共同体。利益机制是指龙头经营组织与农户之间的利益分配关系。农业产业化经营的目标,就是通过科学合理的利益机制,把"龙头"与农户的利益联结起来,并成为"风险共担、利益同享"的经济利益共同体,以利于把分散的农户组织起来,通过"龙头"带领走向市场,降低交易成本,从整体上提高农业的比较效益。利益机制一般包括四个部分,一是利益分配机制,二是利益保障机制,三是利益调节机制,四是利益约束机制。目前我国主要存在契约型、分红型、股权型等利益联结方式,具体表现为新型订单模式、股份合作模式、服务带动模式和多层次融合模式四种农企利益联结机制。

一是新型订单模式。主要表现为龙头企业与农民签订"农资供应——生产——购销"合同,农户按照企业提供的农业生产资料和生产方案进行农业生产,企业按照合同约定的农产品价格收购,并常伴有二次返利等奖励措施让农民获得产业增值收益,提高农民生产高质量产品的积极性。

二是股份合作模式。主要表现为农户(或集体)以土地经营权、农机具等入股龙头企业,或先入股农民合作社,合作社再入股或投资兴建龙头企业,农户以股东身份获得收益。从目前情况看,这种模式较好地"扬"了农户土地禀赋优势的"长","避"了农民资本禀赋弱势的"短",为农民创造了更多的收益空间。

三是服务带动模式。主要表现为龙头企业通过向特定区域的农户提供各种类型的服务,实现农户增产提质、节本增效和企业的轻资产、高回报运行。这些服务主要包括生产作业服务、技术服务、农资服务等。尤其是不同程度的农业生产托管服务,为广大分散的小农户突破农产品价格下行、农业生产成本上升双重不利因素的制约,享受土地流转之外实现适度规模经营优势创造了可能。

四是多层次融合模式。主要表现为多种联结方式并存的混合型模式,兼具各家之所长,对经营主体的内部管控能力、产业链建设水平等要求较高,在大型龙头企业中采用得较多。这种模式常常是一、二、三产业融合发展的典型,有助于激发新型农业经营主体和农户的发展潜力,在拓宽农民增收渠道的同时,也会催生出更多新产业、新业态、新模式,是完善农企利益联结机制的重要方向。

在稳定和完善农企利益联结机制上，龙头企业要做好农企双赢的主导者，主动创新产业组织模式，打造综合运营平台，带动各新型农业经营主体发挥优势、形成专业分工与合作，构建良好的产业生态圈，同时健全利益共享机制，创新更为紧密有效的利益联结机制。农户要提高市场参与的核心竞争力，做好农企双赢的贡献者角色，利用自身资源优势，积极开展适度规模的经营，与合作组织、龙头企业建立稳定的利益联结，主动参与利益协调、保障和分配机制的创新和完善。

五、市场体系

市场体系是指以商品市场为中心，商品、资本、技术、劳动力、信息等多种要素市场组成的有机统一体，在这里，商品特指农产品。农业产业化经营是以国际国内市场为导向的，经营的成败由市场来决定。农业产业化经营主体就必须着眼于市场需求，以农产品为重要载体，将资本、技术、信息等要素聚集起来，构建农产品产业链、价值链与利益链，推进农业增效与农户的增收。

从市场的属地范围来分，可分为本地市场、外地市场、国内市场和国际市场，农业产业化经营可以先立足本地市场与国内市场，而后开拓外地市场与国外市场，扩大经营的覆盖面，占领更大的市场份额。从市场性质来看，产品和要素市场是重要的内容，产业化生产、加工、销售涉及种子种苗的供应市场、技术市场等要素市场的支持，要注重对要素市场的培育。此外，对于消费者市场，农业产业化经营主体要充分利用线上线下的市场，发挥市场的载体作用，将农产品"销"出去，将产品品牌"打"出来，拓宽农产品的消费市场。线下的市场主要包括各类专业批发市场、贸易区等，线上主要是以互联网为依托的虚拟平台。在市场体系的开拓过程中，农业产业化经营者要充分利用各类媒介组织，如专业批发销售组织、农民联合运销组织等，将更多的与主导产业相关的人或组织纳入产业化的一体化运营中，降低交易成本，提高经营效益。

六、农业社会化服务体系

农业社会化服务体系是以专业的合作平台为载体,在农业龙头企业带动下为各类农业组织服务的总称。农业社会化服务体系服务对象为新型农业经营主体、小农户、农业龙头企业和农业组织等,致力于为各类农业组织提供优质、高效、全面的综合性社会服务。随着土地经营权的流转与推动,我国农业社会化服务体系的建设也需不断完善,服务对象需要更多多样化的服务主体、更社会化的服务方式和更系统化的服务内容,其中包括以公共服务机构为依托、合作经济组织为基础、龙头企业为骨干、其他社会力量为补充的新型农业生产社会化服务供给体系,在《关于促进小农户和现代农业发展有机衔接的意见》文件中提及要健全面向小农户的社会化服务体系,具体包括农业生产性服务业、农业生产托管服务、小农户产销服务、互联网+小农户计划、小城镇服务小农户功能五大内容。所以农业社会化服务体系要注重在农业产前、产中、产后的服务与农户经营的有机结合,进而在已有的基础上创新高效的农业社会化服务模式。

按所有制分类,农业社会化服务体系可以分为以下五种类型。一是现有的国家经济技术机构,包括农业系统的技术服务组织,如农业部门技术服务组织、林业部门技术服务组织、农业科研单位和大专院校及其所属的服务组织;二是龙头企业兴办的各种农业社会化服务机构;三是各种专业型合作经济组织兴办的农业社会化服务机构;四是专业大户、农村能人等个人兴办的农业社会化服务机构;五是入股、合作兴办的农业社会化服务机构。不同类型的农业社会化服务提供方的出现,使农业社会化服务具多元化、多层次化,进而为农业产业化经营创造更好的环境与条件。截至2021年4月12日,我国农业社会化服务专业组织已超过90万家,有27万家以服务为主体的农业合作社,有40万家以服务为主体的专业大户,还包括一部分基层供销社等,服务面积达16亿亩次,服务农户7000万余户。

第三节　中国农业产业化经营的产生背景及发展历程

一、中国农业产业化经营的产生背景

中国农业产业化的经营并不是凭空产生的,而是在一定的社会经济背景下产生的。陈吉元认为农业产业化的提出是为了解决三大需求,一是解决小生产与大市场矛盾的需求,我国需要直面小农生产对于农民经济收入的难题,接受市场挑战,为农业生产打开国内甚至国际市场。小农生产应对自然和市场风险的抵抗能力单薄,如何防范农业生产经营风险也是农民急需解决的问题。二是提高农业经济效益的需要,农民生产的收益是农业发展的关键因素。20世纪80年代,我国农业的经济效益低下,农民生产积极性不足,对农业投入的不足进一步降低农业经济效益,从而形成恶性循环,这严重影响我国农业农村的健康长效发展。三是转移农业剩余劳动力的需要。生产经营规模细小影响着农业效益与比较利益的提高,将农村剩余劳动力转移到非农产业,扩大非农产业的规模,有利于提高农业经济效益,进而提高农民生产积极性。这三大需要都是中国农村经济发展过程中遇到的挑战,而农业产业化经营就是应对挑战的方法。

农业产业化经营在中国的产生具有一定的社会因素支持。原农业部部长陈耀邦认为农业产业化经营是中国农村经济改革与发展的必然选择。一是以家庭联产承包为主的责任制和统分结合的双层经营体制的建立,大大激活了家庭经营在农业生产与经营的积极性与投入,农民家庭不仅要求自身生产过程中的农业收益,还希望扩大消费者市场,增加家庭收入,这也意味着农民家庭注意到农产品在加工销售过程中的农业效益。二是我国从计划经济转向社会主义市场经济,为农业发展注入了更多的活力。计划经济时期,国家制定全国的生产计划,计划各类农产品的生产与供给量,进而满足人民的基本生活需要。每个人根据国家计划进行生产、劳动,领取相应的粮食,无论个人的实际产出高低,这时候的人们并不会因为多生产、多劳动而争夺更多的资料。到了社会主义市场经济时期,国家不再制定统一的生产计划,对农民的生产少了许多约束。农民对自己生产的产品有了更多的分配权,对于剩余的农产品,农民可以拿去市场进行交换,换取金钱或其他所需的物品,这样的生产交换增强了农民对生产的主动性与积极性,也为农业产业发展奠定了基础。三是农业商品经济助推农业产业的进一步发展。随着家庭经营和社会主义市场经济的推进,农民生产出大量农产品的同时也大大提高了农业经济的发展,农民经济实力的提高要求着农业的进一步发展,这成为农业产业化经营的强大助力器。

二、中国农业产业化经营的发展历程

有学者将我国农业产业化经营的发展历程分为起步探索、加速发展、创新提高三个阶段,也有学者将其分为从实践中探索、创办星星之火到大力宣传、示范推广,再到积极发展、星火燎原三个阶段。它们可以理解为从地方实践线性到中央关注与推广,再到中央重视并大力支持。

20世纪80年代到90年代,即在农业产业化经营这一概念正式提出之前,许多省份已在探索农工商综合经营、贸工农一体化和产加销一条龙、公司＋农户、批发市场带主导产业等农业产业化经营形式。如1983年,广州市白云区江高镇江村养鸡场将鸡苗提供给农民,派出技术人员指导农民养鸡并收购活鸡,这种以鸡场为龙头,带动周边农户共同发展养鸡业的经济组织被国家体制改革委员会命名为"江高模式"。

1993年5月25日,在总结完善潍坊市推进商品经济大合唱、贸工农一体化等做法的基础上,《中共潍坊市委、潍坊市人民政府关于按照农业产业化要求进一步加强对农村社会主义市场经济领导的意见》正式印发,山东潍坊市成为在全国率先实施农业产业化战略的地级市。

1995 年 3 月,农业部农村改革试验区办公室针对大型工商企业进军农业的情况进行调研,撰写的《关于积极引导大型工商企业进入农业领域的战略构想》得到党中央、国务院领导的重视与支持,其中的基本观点被中央决策性文件所吸纳。此后有更多的大型工商企业开始向农业领域投资,涉及粮食的种植生产、畜牧业的养殖生产加工等多领域。

1995 年 12 月 11 日,《人民日报》发表社论《论农业产业化》并以超常规方式介绍了山东省发展农业产业化的经验,尤其是通过《必由之路》《造就一种新关系新格局》《更广更深更实的思考》三篇文章对潍坊产业化的评述,扩大了人民对农业产业化经营的认知,尤其是得到了中央多个部门的关注。通过媒体的宣传报道,全国各地积极探索不同形式和内容的农业产业化经营,逐渐形成一批区域化、专业化、商品化和社会化的农业产业化经营典型,如广西的甘蔗业、四川的榨菜产业等。

1996 年全国人大八届四次会议批准的我国《国民经济和社会发展"九五"计划和 2010 年远景目标纲要》明确提出,要"稳定党在农村的基本政策,深化改革",要"鼓励发展多种形式的合作与联合,发展联结农户的中介组织,大力发展贸工农一体化,积极发展农业产业化经营"。1997年 9 月,江泽民同志在十五大报告中也明确提出,要"积极发展农业产业化经营,形成生产、加工、销售有机结合和相互促进的机制,推进农业向商品化、专业化、现代化转变"。此后,发展农业产业化由农民和地方政府的自发探索,迅速上升为中央政府的重要政策导向,由以东部沿海地区和蔬菜、畜禽等少数产品为主的地区的自主选择,逐步拓展为全国范围、农业多数行业的自觉行为。

1998 年 12 月召开的中央农村工作会议做出了"我国农业和农村经济正在发生着新的阶段性变化"的重大判断,要求"抓住这个机遇,把农业和农村经济的发展切实转到以提高质量和效益为中心的轨道上来"。《中共中央国务院关于做好 2000 年农业和农村工作的意见》提出,"农业和农村经济发展的新阶段,实际上就是对农业和农村经济结构进行战略性调整的阶段","以公司带农户为主要形式的农业产业化经营,是促进加工转化增值的有效途径。各级政府和有关部门要认真总结经验,采取得力措施,推进农业产业化健康发展"。

《中共中央国务院关于做好2001年农业和农村工作的意见》进一步提出:"各级政府和有关部门要认真总结经验,加强对农业产业化经营的扶持和引导。"这部文件还就支持龙头企业及其方向做出了工作部署,分别提出"国务院有关部门要在全国选择一批有基础、有优势、有特色、有前景的龙头企业作为国家支持的重点,在基地建设、原料采购、设备引进和产品出口等方面给予具体的帮助和扶持",农业银行"要重点支持农业产业化经营"。2001年7月,农业部等9部委(局)联合发布的《农业产业化国家重点龙头企业认定和运行检测管理暂行办法》规定新的农业产业化国家重点龙头企业今后将实行资格认定,经认定的可按规定享受一系列的优惠政策。龙头企业是农业产业化经营的重要主体,国家对龙头企业的重视与支持也说明了对农业产业化经营的支持。

2001年11月召开的中央经济工作会议提出"农业产业化经营,是促进农业结构战略性调整的重要途径,要作为农业和农村经济工作中一件大事来抓",并做出了"扶持产业化就是扶持农业,扶持龙头企业就是扶持农民"的重要论断。以此为标志,一个开放包容的农业产业化支持政策体系基本成型。

农业产业化经营作为农业和农村工作中的一件全局性、方向性的大事,在十五大、十六大、十七大、十八大和十九大报告、国民经济"十五"和"十一五"发展规划,以及近年来的中央一号文件,尤其是涉农文件都有提及,还推出了一系列有力的支持政策和措施,包括但不限于设立农业产业化专项资金、对农业产业化经营组织实施税收优惠政策、对龙头企业的金融支持、对龙头企业投资、科研、技术创新实施各种优惠政策等,随着农业产业化的各类支持政策相继出台,其进入逐步完善的阶段。

时间	报告中关于农业产业化的表述
十五大(1997年)	积极发展农业产业化经营,形成生产、加工、销售有机结合和相互促进的机制,推进农业向商品化、专业化、现代化转变。
十六大(2002年)	积极推进农业产业化经营,提高农民进入市场的组织化程度和农业综合效益。发展农产品加工业,壮大县域经济。开拓农村市场,搞活农产品流通,健全农产品市场体系。 中部地区要加大结构调整力度,推进农业产业化,改造传统产业,培育新的经济增长点,加快工业化和城镇化进程。
十七大(2007年)	探索集体经济有效实现形式,发展农民专业合作组织,支持农业产业化经营和龙头企业发展。党的十七届五中全会提出,在工业化、城镇化深入发展中同步推进农业现代化。"三化同步",就要用先进的技术装备和现代组织形式发展农业,这为农业产业化跨越式发展提供了机遇。
十八大(2012年)	"四化"坚持走中国特色新型工业化、信息化、城镇化、农业现代化道路,推动信息化和工业化深度融合、工业化和城镇化良性互动、城镇化和农业现代化相互协调,促进工业化、信息化、城镇化、农业现代化同步发展。 坚持和完善农村基本经营制度,依法维护农民土地承包经营权、宅基地使用权、集体收益分配权,壮大集体经济实力,发展农民专业合作和股份合作,培育新型经营主体,发展多种形式规模经营,构建集约化、专业化、组织化、社会化相结合的新型农业经营体系。
十九大(2017年)	提出"实施乡村振兴战略"。农业农村农民问题是关系国计民生的根本性问题,必须始终把解决好"三农"问题作为全党工作重中之重。要坚持农业农村优先发展,按照产业兴旺、生态宜居、乡风文明、治理有效、生活富裕的总要求,建立健全城乡融合发展体制机制和政策体系,加快推进农业农村现代化。巩固和完善农村基本经营制度,深化农村土地制度改革,完善承包地"三权"分置制度。保持土地承包关系稳定并长久不变,第二轮土地承包到期后再延长三十年。深化农村集体产权制度改革,保障农民财产权益,壮大集体经济。确保国家粮食安全,把中国人的饭碗牢牢端在自己手中。构建现代农业产业体系、生产体系、经营体系,完善农业支持保护制度,发展多种形式适度规模经营,培育新型农业经营主体,健全农业社会化服务体系,实现小农户和现代农业发展有机衔接。促进农村一、二、三产业融合发展,支持和鼓励农民就业创业,拓宽增收渠道。加强农村基层基础工作,健全自治、法治、德治相结合的乡村治理体系。培养造就一支懂农业、爱农村、爱农民的"三农"工作队伍。

国民经济和社会发展五年规划	关于农业产业化经营的表述
九五	鼓励发展多种形式的合作与联合,发展联结农户的中介组织,大力发展贸工农一体化,积极发展农业产业化经营。
十五	鼓励采取"公司加农户""订单农业"等多种形式,大力推进农业产业化经营。
十一五	支持发展农业产业化经营,培育带动力强的龙头企业,健全企业与农户利益共享、风险共担的机制。
十二五	推进农业产业化经营,扶持壮大农产品加工业和流通业,促进农业生产经营专业化、标准化、规模化、集约化。
十三五	必须加快转变农业发展方式,着力构建现代农业产业体系、生产体系、经营体系,提高农业质量效益和竞争力,走产出高效、产品安全、资源节约、环境友好的农业现代化道路。 以发展多种形式适度规模经营为引领,创新农业经营组织方式,构建以农户家庭经营为基础、合作与联合为纽带、社会化服务为支撑的现代农业经营体系,提高农业综合效益。
国民经济和社会发展第十四个五年规划和 2035 年远景目标纲要	加快发展智慧农业,推进农业生产经营和管理服务数字化改造。加强农业良种技术攻关,有序推进生物育种产业化应用,培育具有国际竞争力的种业龙头企业。完善农业科技创新体系,创新农技推广服务方式,建设智慧农业。加强动物防疫和农作物病虫害防治,强化农业气象服务。 发展多种形式适度规模经营,加快培育家庭农场、农民合作社等新型农业经营主体,健全农业专业化社会化服务体系,实现小农户和现代农业有机衔接。

在中央和各级政府的支持下,我国农业发展的步伐快了许多。目前我国农业产业化经营呈现一片繁荣景象。截至 2018 年年底,全国经县级以上农业产业化主管部门认定的龙头企业近 9 万家,其中省级以上重点龙头企业 1.8 万家、国家重点龙头企业 1243 家。截至 2019 年年底,全国家庭农场数量超过 70 万家,截至 2020 年 5 月底,全国依法登记的农民合作社达到 222.5 万家,联合社超过 1 万家。

农业产业化也被运用于我国的脱贫工作中,为我国打赢脱贫攻坚战做出了极大的贡献。党的十八大以来,党中央把脱贫攻坚摆到了治国理政的突出位置,习近平总书记高度重视脱贫攻坚中的产业扶贫,对此做出了一系列的重要论述,强调"发展产业是实现脱贫的根本之策。要因地制宜,把培育产业作为推动脱贫攻坚的根本出路"。农业部等多部门认真落实总书记产业扶贫的重要思想,把农业产业扶贫作为农业农村经济工作的大事要事,持续推进贫困地区产业发展。

通过扶持培育新型经营主体,大力进行农林技术的推广和增强培训力度、优先发展种植业、积极发展养殖业、大力发展林产业、深挖农业产业的多元功能等多样化举措,开展"农林种养产业扶贫工程、农村一、二、三产业融合发展试点示范工程、贫困地区培训工程"等打赢脱贫攻坚战。截至目前,我国的产业扶贫政策已覆盖98%的贫困户,有劳动能力和意愿的贫困群众基本都参与到了产业扶贫之中。832个贫困县全部编制产业扶贫规划,累计建成种植、养殖、加工等各类产业基地超过30万个,每个县都形成了2～3个特色鲜明、带贫面广的扶贫主导产业,贫困地区产业发展条件显著改善,贫困县登记的地理标志农产品达800多个、认证绿色和有机农产品1.1万个,比2012年增长4倍多,有效带动脱贫群众稳定增收。据统计,全国脱贫县累计建成高标准农田2.1亿亩、仓储冷库设施库容1400万吨,创建各类扶贫产业园2100多个,农产品初加工设施4.3万座,新增初加工能力828.8万吨,这不仅夯实了产业发展基础,也为资本、技术、人才等要素进入脱贫地区提供了平台载体,更为脱贫产业化经营奠定强有力的基础,提供更好的环境。

我国已通过产业扶贫、旅游扶贫、电商扶贫等方式全面打赢了脱贫攻坚战,但脱贫产业的发展参差不齐,整体水平不高,有些产业链条短、有些产供销不够顺畅、有些缺乏品牌化建设等,这不利于扶贫产业的长效发展。党的十九届五中全会提出,实现巩固拓展脱贫攻坚成果同乡村振兴有效衔接。《中共中央　国务院关于实现巩固拓展脱贫攻坚成果同乡村振兴有效衔接的意见》中提及要发展壮大脱贫地区乡村特色产业,注重产业的后续长期培育,这需要在脱贫产业的基础上,增强其发展内生动力,多位农业专家认为延伸产业链是关键。这意味着用农业产业化经营的方式,挖掘农产品在生产、加工、销售等多环节的价值,打通一、二、三产业的产业链,拓展脱贫产业的产业链和价值链条,把产业扶贫脱贫做得坚实。

第四节　中国农业产业化经营的现状

农业产业化经营在我国大地上大放异彩,从弱小到强大,数量与质量并行发展,了解其发展现状,有助于立足当下,着眼未来,发展得更好。此节将从农业产业化经营组织规模、经济实力、与农民的利益联结机制、农产品加工投入、农业产业化经营带动农民的增收作用、特色品牌建设、农业产业化的标准化建设、农业全产业链八个方面对我国农业产业化经营现状进行描述。

一、农业产业化经营组织规模增长迅速

农业产业化经营组织将小生产与大市场连接起来,不断推进农业生产的规模化、专业化、品牌化等多维度发展。截至 2020 年 8 月,全国县级以上龙头企业约 9 万家,其中省级以上龙头企业近 1.8 万家、国家重点龙头企业 1542 家,初步构建起了国家、省、市、县四级联动的乡村产业"新雁阵"。全国有家庭农场 80 多万家,初步形成省、市、县三级示范家庭农场创建体系,此外依法登记的农民合作社有 220 多万家。

二、农业产业化经营组织经济实力快速提高

我国农业产业化龙头企业 9 万家,其中国家重点龙头企业 1547 家,年销售收入过 1 亿元的近 1.2 万家,过 100 亿元的达到 77 家。2018 年 2

月底,全国依法登记的农民专业合作社达204.4万家,是2012年年底的3倍;实有入社农户11759万户,约占全国农户总数的48.1%;成员出资总额46768万亿元,是2012年年底的4.2倍。农户加入合作社的意愿不断增强,出资额也就不断增加,这对于增强农民专业经济实力有一定的帮助。

三、农业产业化经营组织与农户的利益联结机制呈现多样化

习近平总书记2014年在内蒙古调研时曾指出,"要探索一些好办法,建立企业与农牧民利益联结机制,帮助农牧民更多分享产业利润效益,真正同龙头企业等经营主体形成利益共同体"。当前,我国农业产业化经营组织与农户的利益联结机制呈现多样化的特点,主要有市场交易型、订单型、股份制型、纵向一体化型、服务带动型、多层次融合模式等,农企之间的利益分配方式有按利益返还的合作方式、按股份分红的股份合作方式等。龙头企业与农户推广"订单收购＋分红""土地流转＋优先雇用＋社会保障""农民入股＋保底收益＋按股分红"等多种利益联结,让农民卖农(产品)金、挣薪金、收租金、分红金、得财金,增加农民跨界增收、跨域获利渠道。目前,我国推进土地经营权入股发展农业产业化经营试点,创新土地经营权入股的实现形式。

四、农产品加工投入与水平提高

通过农产品的初加工、精深加工提高农产品的价值,能拓宽农民增加农业经济收入,为此,国家不断提高农产品加工的投入,鼓励与支持农产品加工水平的提高。一是鼓励和支持各类新型经营主体发展保鲜、储藏、分级、包装等设施建设,促进农产品顺利进入终端市场和后续加工环节。在此基础上,发展粮变粉、豆变芽、肉变肠、奶变酪、菜变肴、果变汁等初级加工产品,提升农产品品质,满足消费市场。二是注重产能布局的优化,鼓励和引导工商资本和农业产业化国家重点龙头企业在农畜产

品优势区,建立标准化原料基地,打造"第一车间""原料车间"和"粮食车间",优化加工产能。支持技术创新,突破技术瓶颈,研发推广一批有知识产权的加工关键技术装备,研制一批智能控制等产品加工设备。三是加强标准制定,制(修)订一批农产品加工技术规程和产品质量标准。提升加工深度,引导龙头企业建设农产品加工技术集成基地和精深加工示范基地,增加精深加工产品种类和产品附加值,推动加工企业由小变大、加工程度由初变深、加工产品由粗变精。四是按照"粮头食尾""农头工尾"要求,我国支持粮食生产功能区、重要农产品生产保护区、特色农产品优势区,建设一批各具特色的农产品加工园区。支持建设国际农产品加工产业园,引导地方建设一批区域性农产品加工园,形成国家、省、市、县四级农产品加工园体系,构筑乡村产业"新高地"。

五、带动农户增收作用不断增强

截至 2020 年 9 月,我国龙头企业引领各类农业产业化组织辐射带动 1.25 亿小农户,户均年增收 3500 多元。此外,我国创新提出农业产业化联合体,大力发展一批龙头企业牵头、农民合作社和家庭农场跟进、广大小农户参与的农业产业化联合体,目前已培育 6000 多个农业产业化联合体,涉及农业企业 8000 多家、合作社 2 万多家、家庭农场和专业大户 21.5 万个,辐射带动农户 1500 万户,成为农民就业增收的新亮点,且促进紧密利益联结机制的建立,实现抱团发展,年营业收入约 9000 亿元,农业产业化经营水平也得到了有效提升。

六、特色品牌建设较为显著

我国注重因地制宜,发掘农村农业特色资源优势,聚焦主导产业,实施优势特色产业集群、现代农业产业园、农业产业强镇(乡)、"一村一品"示范村镇等建设项目,建设了一批特色产业基地,发展"乡字号""土字号"特色产品,目前已认定全国"一村一品"示范村镇 3274 个,推介 91 个全国乡村特色产业十亿元镇(乡)和 136 个全国乡村特色产业亿元村,且培育出 34 个产值超 100 亿元的优势特色产业集群,创响了一批特色品牌,培育推介 2100 个乡村特色产品和能工巧匠。

2018 年农业农村部印发《关于加快推进品牌强农的意见》(农市发〔2018〕3 号),明确了品牌强农的主攻方向、目标任务和政策措施。2019 年发布《中国农业品牌目录制度实施办法》《中国农产品区域公用品牌建设指南》,推动构建现代农业品牌管理体系,引导规范农业品牌建设。截至 2019 年年底,累计认定绿色、有机和地理标志农产品 4.3 万个,农产品注册商标达到 481.25 万件。

七、重视标准化生产,优化农产品品质

标准化能促进农业产业化的发展,提高农业生产技术与产品质量,也能促进农产品的品牌建设,提高农产品在国际国内两市场的竞争力。当前,我国制定发布农业国家标准和行业标准 1.6 万项,创建农业标准化示范区(县、场)1800 多个,"三园两场"(果菜茶标准化示范园、畜禽养殖标准化示范场、水产健康养殖示范场)近 1.8 万个,不断提升农业质量效益。

八、农业全产业链初步形成

农业产业化经营与产业融合相互促进。发展优势农业资源,将一产往后延、二产两头联、三产走高端,形成全产业链全价值链,把产业更多留在乡村,把就业岗位更多留给农民,把产业链增值收益更多留给农民,让农民有业就、有活干、有钱挣。2019 年,农产品加工业营业收入超过 22 万亿元。

第五节　农业产业化经营的组织模式

从农业产业化经营的现状可知,我国农业产业化经营的发展是快速的,这背后离不开农业产业各类主体的努力与合作。农业产业化经营的组织模式是指农业产业化的各类经营主体开展农业产业化经营时所采取的一些典型方式,是农业产业化的制度载体。当前主要有"龙头企业＋农户""龙头企业＋合作社＋农户""龙头企业＋家庭农场""龙头企业＋基地＋农户""龙头企业＋农场""农业产业化联合体"六种农业产业化经营组织形式。

一、"龙头企业＋农户"

这是最初形成的农业产业化组织模式,也被称为"订单农业",即加工、销售行业的龙头企业与农户签订农产品远期收购契约,主要规定农产品交易价格、数量、质量、时间等内容,有的龙头企业还提供部分生产投入品和产中技术指导。

二、"龙头企业＋合作社＋农户"

此种组织模式是"龙头企业＋农户"的改进,即在龙头企业与农户间加入一个主要充当协调者和连接纽带的合作社,合作社在联系农户方面具有天然优势,能够大幅减少龙头企业的交易对象,提高信息对称程度,强化监督,提高交易效率,降低交易成本,并且产前物资供应、产中技术指导与产后收购从龙头企业业务中分离出来,由合作社专门负责,所以此种组织模式深化了分工协作,也使契约关系更加紧密,组织模式更加稳定。

三、"龙头企业＋家庭农场"

这是"龙头企业＋农户"的升级，家庭农场经营规模较大，生产技术设备更先进、更高效，并且家庭农场主往往科学文化素质较高，有助于推广先进农业技术，实施规范化、标准化、规模化生产，所以此种组织模式下规模经济实现程度较高，龙头企业的交易对象明显减少，交易成本较低。在此组织模式下，龙头企业与家庭农场间的契约关系较为紧密，组织模式的稳定性较高，双方间的契约可看作服务外包契约，即龙头企业将种苗、药品、肥料（饲料）等生产投入品送交家庭农场，家庭农场利用自身的设备、土地、劳动力等生产资料，按照龙头企业的操作规范将种苗"加工"成合格的成品，然后返还给龙头企业并收取劳务费。龙头企业将自己没有优势的种养业务外包给了家庭农场，能够更加专注于加工、销售业务，所以此种模式提高了分工协作程度。

四、"龙头企业＋基地＋农户"

这种模式也是"龙头企业＋农户"组织模式的升级，即龙头企业通过租赁农户土地，获得一定年限、某一范围内集中连片土地的经营权，然后对承租的土地进行统一规划整治，投资进行农田改良与基础设施建设，并分块承包给善于经营的农户。对于养殖业，龙头企业租赁土地，投资建设养殖小区并出租给农户，或农户投资建设养殖小区，龙头企业提供贷款担保。基地农户按照龙头企业的操作要求进行生产管理，并需将全部合格农产品出售给龙头企业，龙头企业扣除租金与其他费用后将货款发放给农户。基地的建立有助于实现统一的物资供应、技术指导、生产性服务、收购等活动，从而提高规模经济效益；既避免了"龙头企业＋农户"的高昂市场交易成本，又避免了龙头企业直接雇佣农民生产导致的高昂内部交易成本，因而可有效降低交易成本。此种模式有效保障了稳定、高质量的原材料来源，龙头企业可以更加专注于加工销售环节，农户无须进行市场调研、做生产决策，也无须担心农产品销路，可以更加专注于精细种养环节，所以明显提高了分工协作程度。

五、"龙头企业＋农场"

"龙头企业＋农场"包含了三种类型的具体组织模式，一是"龙头企业＋租赁雇佣型农场"，即龙头企业为加强对上游生产环节的控制，确保农业生产管理过程的标准、规范，租赁农户土地并雇佣农民进行生产经营，农户获得土地租金收入与劳动报酬收入，但由于监督管理成本偏高，此种模式主要存在于产品附加值较高的行业。二是"股份合作制企业＋农场"，即农户以农地、农机等生产资料入股，与龙头企业共同组建股份合作制企业，可有效解决龙头企业建筑设施用地与农业生产用地短缺问题。在利益分配方面，既按股分红，又按劳分配，使得合作农户与龙头企业结成利益共同体，有较好的激励效果，有效减少了合作农民从事农业生产时的道德风险问题，降低了内部交易成本。同时，农业产业链的生产环节与加工销售环节也实现了更加紧密的衔接，分工协作程度进一步提高。三是"合办型企业＋农场"，即多个农户以资金、土地、农机等入股，共同建立合作社，合作社再创办加工销售企业，并对农户土地进行统一规划、耕种，形成农场，实现了以农户为主体的纵向一体化经营。在此种组织模式下，企业与合作社的利益相一致，农户既是社员，又是股东，合作农户的利益目标趋同，内部交易成本也能控制在较低水平。农户不仅能够获得生产环节的收益，还可以分享加工流通环节的增值收益，所以能够获得最高程度的经济福利，受到很强的产权激励，从而产生很高的经济效益。

六、"农业产业化联合体"

农业产业化联合体是龙头企业、农民合作社和家庭农场等新型农业经营主体以分工协作为前提，以规模经营为依托，以利益联结为纽带的一体化农业经营组织联盟。农业产业化联合体是"公司＋农民合作社＋家庭农场"组织模式的创新形式。各主体独立经营的同时通过合同、协议等契约联合发展,合理分工,充分发挥各自优势,做到资金、技术、信息等农业要素相互融通,降低产业化经营的交易成本,进而促进产业增值增效。国家在农业产业联合体的培育发展上颁布了多项激励机制与政策,如 2017 年,农业部等 6 部门联合印发《关于促进农业产业化联合体发展的指导意见》,2018 年 3 月,农业部办公厅、国家农业综合开发办公室和中国农业银行办公室联合发布《关于开展农业产业化联合体支持政策创新试点工作的通知》,选择河北、内蒙古、安徽、河南、海南、宁夏、新疆等省(区)作为试点省份,开展农业产业化联合体支持政策创新试点工作。2018 年 5 月,农业农村部、中国邮政储蓄银行联合印发《关于加强农业产业化领域金融合作助推实施乡村振兴战略的意见》,邮政储蓄银行从优先保障金融需求、创新使用信贷产品和探索产业链金融服务模式等支持农业产业化联合体的培育。在国家和地方的大力支持下,截至 2020 年 9 月 16 日,全国已培育农业产业化联合体 6000 多个,带动农业企业 8000 多家、合作社 2 万多家、家庭农场和专业大户 21.5 万个、小农户 1500 万户,切实地为我国农业农村发展注入了新动能,推动我国农业产业化经营的发展。

第二章　农业技术推广概述

　　"十三五"时期,我国粮食和物资储备工作取得历史性成就。粮食连年丰收,产量连续稳定在 1.3 万亿斤以上,市场供应充裕,活力不断增强,粮食储备库存充足,粮食安全形势持续向好。

　　这其中,农业科技发挥了重要的支撑作用,科技进步已经成为我国农业发展的决定性力量。作为发展中的大国,我国人口基数大与耕地减少的矛盾将长期存在,农产品消费也呈现出不断上升的趋势,粮食供求处于紧平衡的压力也将长期存在。

　　在资源约束趋紧、灾害影响加大、种粮效益不高等背景下,保障国家粮食安全,必须在科技进步上找出路,通过加快农业科技自主创新,在农业关键技术和核心领域实现重大突破。同时,要更加重视农业科技成果推广应用,将新品种、新技术、新成果及时有效地传播到千家万户和田间地头,把农业科技创新成果尽快转化为现实生产力,把专家的试验产量变成广大农民的田间产量。

第一节 农业技术推广

一、农业技术推广的含义

（一）狭义的农业技术推广

狭义农业技术推广在国外起源于英国剑桥的"推广教育"和早期美国大学的"农业推广"，基本的含义是：把大学和科学研究机构的研究成果通过适当的方法介绍给农民，使农民获得新的知识和技能，并且在生产中采用，从而增加其经济收入。

这是一种单纯以改良农业生产技术为手段，提高农业生产水平为目标的农业技术推广活动；是一个国家处于传统农业发展阶段，农业商品不发达，农业技术水平是农业生产的制约因素的条件下的产物。

世界上一些发展中家的农业技术推广属于狭义的农业技术推广。我国长期以来沿用农业技术推广的概念，也属于此范畴。

其特征是：以技术指导为特征的产中培训。

（二）广义的农业技术推广

广义的农业技术推广是西方发达国家广为流传的农业推广概念，它是农业生产发展到一定水平，农产品产量已满足或已过剩，市场因素成为农业生产和农村发展主导因素，提高生活质量成为人们追求目标的产物。

广义的农业技术推广已不单纯指推广农业技术，还包括教育农民、组织农民以及改善农民实际生活等。具体包括，对成年农民的农事指导，对农家妇女的家政指导，对农村青年的"手、脑、身、心"教育。其特征是：以教育为主要手段，通过咨询、培训等手段启发、教育农民，以达到农民的自觉行为，提供产前——产中——产后全程服务。

（三）现代农业技术推广

在当代西方发达国家,农业已实现现代化、企业化和商品化,农民文化素质和科技知识水平已有极大提高,农产品产量大幅度增加,面临的主要问题是如何在生产过剩条件下提高农产品的质量和农业经营的效益。因此,农民在激烈的生产经营竞争中,不再满足于生产和经营知识的一般指导,更需要的是科技、市场、金融等方面的信息和咨询服务。

"推广工作是把有用信息传递给人们(传播过程),然后帮助这些人获得必要的知识、技能和正确的观点,以便有效地利用这些信息或技术(教育过程)的一种过程。"现代农业技术推广的主要特征是咨询。

综上,狭义的农业技术推广是一个国家处于传统农业发展阶段,农业商品生产不发达,农业技术水平是制约农业生产的主要因素的情况下的产物。在这种情况下,农业推广所要解决的首要问题就是技术问题,因此,势必形成以技术指导为主的"技术推广"。

广义农业技术推广则是一个国家由传统农业向现代农业过渡时期,农业商品生产比较发达,农业技术已不是农业生产的主要限制因素的情况下的产物。在此种情况下,农业推广所要解决的问题除了技术以外,还有许多非技术问题,由此便产生了以"教育"为主要手段的"农业推广"。

而现代农业推广是在一个国家实现农业现代化以后,农业商品生产高度发达,非技术因素(如市场供求等)成为农业生产和经营的限制因素,而技术因素则退于次要地位情况下的产物。在此种情况下,必然出现能够提供满足农民需要的各种信息和以咨询为主要手段的"现代农业推广"。可以这样说,狭义农业推广以"技术指导"为主要特征,广义农业推广以"教育"为主要特征,而现代农业推广则以"咨询"为主要特征。

（四）中国的农业技术推广

20世纪90年代后期以来,我国由传统农业向现代农业转变,农业技术不断进步,由数量型农业逐步向质量和效益型农业提升,特别是建立社会主义市场经济体制,实施"科教兴国"战略,对我国农业推广理论与方法提出新的挑战。随着经济全球化的到来及加入 WTO,我国原有的农业推广体系必须进行改革,农业技术推广的概念也必须拓宽。

在由计划经济向社会主义市场经济、传统农业向现代农业转变的时期内,比较适合中国国情的农业推广内涵是:农业推广是应用自然科学和社会科学原理,采取教育、咨询、开发、服务等形式,采用示范、培训、技术指导等方法,将农业新成果、新技术、新知识及新信息,扩散、普及、应用到农村、农业、农民中去,从而促进农业和农村发展的一种专门化活动。

其特征是:农业推广集科技、教育、管理及生产活动于一身,具有系统性、综合性及社会性的特点。

农业技术推广的任务是执行国家农业技术推广法律法规,通过试验、示范、培训、干预、交流等手段,加快新技术、新成果的推广应用,使科技成果尽快转化为生产力,促进农村经济全面发展。

二、农业技术推广的内容

从大的方向上来说,农业技术推广的过程包括三个环节:首先,需要了解农民种植哪种农产品;然后,技术推广方可以将这种农产品种植需要注意的事项、如何种植才能提高产量等信息进行收集和整理;最后,将收集到的信息传递给农民进行实施。通过这种方式,可以将专家研究出的农业技术应用到实际操作中,对农民的种植方式进行指导,从而提高农产品的产量(尹昌斌,赵俊伟,2015)。

详细来讲,农业技术推广的界定范围主要有两方面内容,一是农业科技,二是农业推广。农业科技(农业技术进步)主要有三层含义:

农业新知识、新成果、新技术的出现,并投入使用;

投入物(生产要素)按新的组合比例从事生产,即在投入物中合理有效地配置(包括管理、经营、决策、计划、组织等);

应用于农业生产中的新知识、新成果、新技术以及资源合理有效地配置而带来的长期稳定的实际利益(社会效益、经济效益和生态效益)。

农业推广(农业技术推广体系),主要是指推广队伍、推广经费、推广内容和形式、农业推广立法、农业推广科研、教育、推广部门三者关系等。

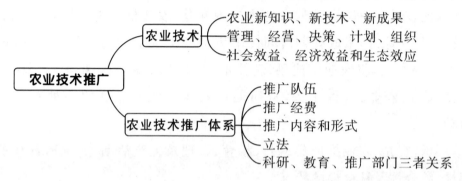

三、农业技术推广的程序

(一)项目选择

项目选择是一个收集信息、制订计划、确定项目的过程,也是推广工作的前提。如果选准了好的项目,就等于技术推广工作完成了一半。项目选择首先要收集大量信息,项目信息主要来源于 4 个方面:一是引进外来技术;二是科研、教学单位的研究成果;三是农民群众先进的生产经验;四是农业技术推广部门的改进技术。农业技术推广部门根据当地自然条件、经济条件、产业结构、生产现状、农民的需要及农业技术的障碍因素等,结合选择项目的原则,进行项目预测和筛选,初步确定推广项目。推广部门聘请有关的科研、教学、推广等各方面的专家、教授和技术人员组成论证小组,对项目所具备的主观与客观条件进行充分论证。通过论证认为切实可行的项目,则转入评审、决策、确定项目阶段,即进一步核实本地区和外地区的信息资料,详细调查市场情况,吸收农民的合理化建议,对项目进行综合分析研究,做出最后决策。推广项目确定后,就应制订试验计划和试验实施方案。

（二）试验

试验是推广的基础，是验证推广项目是否适应当地的自然条件、生态条件、经济条件及确定新技术推广价值和可靠程度的过程。由于农业生产地域性强，使技术的广泛性受到一定限制。因此，对初步选定的新技术必须经过试验。而正确的试验可以对新成果新技术进行推广价值的正确评估，特别是引进的成果和技术，对其适应性进行试验就更为重要。如新品种的引进和推广就需要先进行试验，然后才能扩大应用规模。历史上不经试验就引种最后失败的实例很多。因此，掌握农业技术推广试验的方法，对做好农业技术推广工作十分重要。

（三）示范

示范是进一步验证技术适应性和可靠性的过程，又是树立样板对广大农民、乡村干部、科技人员进行宣传教育、转化思想的过程，同时还要逐渐扩大新技术的应用规模，为大规模推广做准备。示范的内容，可以是单项技术措施、单个作物，也可以是综合配套技术或模式化栽培技术。

目前，我国多采用科技示范户和建立示范田的方式进行示范。"树立一个典型，带动一方农民，振兴一地经济"，示范迎合了农民的直观务实心理，达到了"百闻不如一见"的效果。因此，示范的成功与否对项目推广的成效有直接影响。

（四）培训

培训是一个技术传输的过程，是大规模推广的"催化剂"，是农民尽快掌握新技术的关键，也是提高农民科技文化素质、转变农民行为最有效的途径之一。培训时多采用农民自己的语言，不仅通俗易懂，而且农民爱听，易于接收。培训方法多样，主要有举办培训班、开办科技夜校、召开现场会、巡回指导、田间传授和实际操作、建立技术信息市场、办黑板报、编印技术资料和技术手册，或通过广播、电视、报刊、电影、录像、电话、网络等手段宣传介绍新成果、新技术。

（五）服务

服务不仅限于技术指导，还包括物资供应及农产品贮藏、加工、运输、销售等服务。各项新技术的推广必须是行政、物资、金融、推广等部门通力协作，为农民进行产前产中产后系列化服务，帮助农民排忧解难。服务的具体内容包括：帮助农民尽快掌握新技术，做好产前市场与价格信息调查、产中技术指导、产后运输销售等服务；为农民做好采用新技术所需的肥料、农药、农机具等生产资料供应服务；帮助农民解决所需生产资金的服务。这些服务是新技术大规模推广的重要物质保证，没有这些服务，新技术就很难迅速推广。这些方面的服务也是新技术、新成果推广过程中必不可少的重要环节。

（六）推广

推广是指新技术应用范围和面积迅速扩大的过程，是科技成果和先进技术转化为现实生产力的过程，是产生经济效益、社会效益和生态效益的过程。新技术在示范的基础上，一经决定推广，就应切实采取各种有效措施，加快推广速度。目前常采用宣传、培训、讲座、技术咨询、技术承包等手段，并借助行政干预和经济手段推广新技术。在推广一项新技术的同时，还必须积极开发和引进更新更好的技术，以保持农业技术推广旺盛的生命力。

（七）评价

评价是对技术推广工作进行阶段总结的综合过程。由于农业的持续发展，生产条件的不断变化，一项新技术在推广过程中难免会出现不适应农业发展的要求。因此，推广过程中应对技术应用情况和出现的问题及时进行总结。推广基本结束时，要进行全面、系统的总结和评价，以便再研究、再提高，充实、完善所推广的技术，并产生新的成果和技术。

对推广的技术或项目进行评价时，技术经济效果是评价推广成果的主要指标。同时，也应考虑经济效益、社会效益和生态效益之间的关系。不论进行到哪一步，都应该有一个信息反馈过程，使推广人员及时准确掌握项目推广动态,不断发现问题和解决问题,加快新技术推广的速度。

　　农业技术推广工作要按照推广程序进行,更重要的是推广人员要根据当地实际情况灵活掌握和运用,不可生搬硬套。

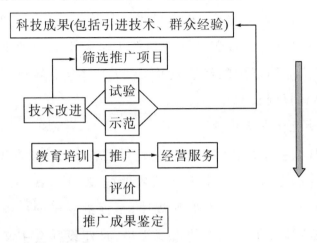

四、农业技术推广的意义

（一）促进农业技术转化为现实生产力

　　农业科研单位每年都要创造出大量的新技术和新成果,这些新技术如果只停留在试验阶段,技术的价值就发挥不出来。农业技术传播的途径不一,但最有效的传播途径就是农业技术推广。通过农业技术推广工作把新技术和新成果送到农民手中,应用于生产,转化为现实生产力。

（二）提高农民素质,开发农民智力

　　对农民进行文化科技教育,提高农民的素质,是一项长期的、艰巨的任务。

　　对农民进行的教育属于职业教育,这种教育有两个特点:一是教育对象多、人员分散,文化基础差异大;二是教育内容复杂,周期长。农业技术推广教育最能适应这些特点。因为农业技术推广能因地制宜,紧密结合生产过程,能满足不同情况的农民的学习要求;教育内容涉及生产、生活各领城,时间安排也比较灵活,实效性较强。推广教育能达到提高农民素质、开发农民智力的目的。

（三）产生经济效益和社会效益

一项农业科技成果的推广，往往能够大幅度提高劳动生产率，产生巨大的经济效益和社会效益。有人曾做过估算，自20世纪30年代以来，杂种优势这一自然规律被美国的几位遗传学家作为育种手段应用到农业生产后，推广应用产生的经济效益，足以支付全世界有记载以来所有农业科研费用的总和。

（四）推动现代农业建设

发展现代农业是社会主义新农村建设的首要任务，是以科学发展观统领农村工作的必然要求。推进现代农业建设，顺应我国经济发展的客观趋势，符合当今世界农业发展的规律，是促进农民增加收入的基本途径，是提高农业综合生产能力的重要举措，是建设社会主义新农村的产业基础。

五、农业技术推广的特征

（一）过程实践性

农业技术推广用通俗的语言来讲就是研究如何向农村传播和扩散新的信息、成果和知识，如何用教育、沟通、干预等方法促使农民自觉采用创新成果，如何使农业、农村的发展尽快走上依靠科技进步和劳动者素质提高道路。这个过程强调实践，推广人员必须走到田间地头，深入农户，了解作物，实打实干。

（二）内容综合性

农业技术推广工作的内容主要有农业信息、知识、技术和技能的应用，属于自然科学或农业科学。从其工作过程及形式来看，是研究如何采用干预、实验、示范、教育、沟通等手段来诱发农民改变行动。而推广工作又会涉及组织、宣传、教育、沟通等环节，不只是讨论农业技术本身，所以农业技术推广是涉及自然科学和社会科学的综合性工作。

（三）对象多样性

农业技术推广中对农民进行的教育属于职业教育,这种教育有三个特点:一是教育对象多,人员分散,文化基础差异大;二是教育内容复杂,周期长;三是地域差异明显,农民遍布全国,各个区域地理、风俗习惯存在诸多差异;四是农户之间种养规模存在差异,有大型基地也有家庭农场。

应当注意的是,我国农技推广对象并不是从事规模经营的大农场主,而是以家庭为基本生产单位的小农场主。分散的、小规模的、兼业的农业经营模式,极大增加了基层农技推广工作的难度。

因此,中国农技推广工作必须正视小农经济的基本国情,寻找农业技术"进村入户"的有效方式。小农社会有着自身的社会传统,乡村精英、熟人社会等因素均可加以利用,使之成为农技推广的乡土资源,发挥技术推广效应。进而言之,只有农技推广工作真正嵌入于农村社会结构中,才可能激发乡土社会的内在活力,提高农户学习和应用技术的积极性。

六、农业技术推广的形式

（一）国家农业体系技术推广

在农业技术推广上,以政府为主体的推广网络,其组织更加齐全、覆盖面更广。政府的行政组织能力是最强的,很容易形成规模效应。以政府为首的农业技术推广部门主要有农机专业合作社、农技站等隶属政府管辖的农业事业单位。但是由于政府所管理的工作过多,农业技术的推广主动性不足,工作细化程度低,再加上工作人员的工资与活动经费的匮乏,有时农业技术推广的目标与广大农户的利益会出现冲突对立的现象。

（二）项目专项的农业技术推广

由于受到地理区域的限制,很多单位就会与当地的农业发展项目进行专项合作,这样的一种推广模式是地方政府推动农业技术发展的一个重要的手段,同时也是当地政府指导农民生产的全新方法。由于农业项目所涉及的方面非常广,国家对于农田水利的投入也非常大,项目推广的特点就是其综合性极强,效果非常好,但是所参与的单位过多,造成了冗杂的现象。

(三)商业性农业技术推广

以产品的销售和收购为目的的农业推广模式叫作商业性的农业技术推广,这一推广体系主要是发展单项的商品,对技术的传播与开发、市场的销售等都是有极其周密的安排的,而且商业性农业技术推广的对象主要限于商品产区之内的农户,一般情况下都是由为生产某一商品而设立的,很多相对较为具体的技术问题都会随着说明书等形式传递到农户的手中。这种技术推广也不是完美的,比如它的区域性,再加上商业性农业技术推广人员有时会过分夸大产品的功能,如果想要做好这一推广,还需要进一步加强技术推广的管理和监督。

(四)科研型农业技术推广

科研型农业技术推广模式主要是与研究单位以及相关的研究成果紧密联系的,在科研部门有很多的研究人员会主动寻找技术进行推广。这一推广模式是技术推广的重要来源,科研型农业技术推广模式的特点是其技术层面非常成熟,不会担心出现技术失误的情况。因此科研型农业技术也受到了广大农户的信赖,但是这一技术模式也有其缺点:它的技术风险还是存在的,因此需要有较高的抗风险能力。

七、农业技术推广的主要方法

(一)深入村户

入村到户是人们常用的农业技术推广方法,一直沿用至今,对于农业中那些以操作为主的技术入村到户是最好的宣传方法。这种推广方法不仅可以让用户详细地了解农业技术,而且还能够真正地知晓技术的使用原理。在农业技术中有很多都是需要手把手地传授才可以使用的。

（二）广告宣传

广告宣传包括电视、网络上的广告，以及报纸、期刊上的农业技术广告，这些广告在宣传农业新品种以及农药等物化技术上起到了非常重要的作用。这些广告对于农作物产量的增长有重要的作用，但是需要注意的是广告现场也需要大量的资金投入，也就是说在对农业技术进行推广的时候，需要做好前期的准备工作，有计划有组织地进行广告宣传活动。

如今人人都是短视频创作者，应当运用好各大平台进行农业技术推广，让更多的农业技术知识轻松快速传送到农户手中。

（三）开展技术讲座

技术讲座也是比较常用的技术推广形式，技术型讲座可以有很多种形式，像电视广播平台、田间地头都可以作为讲座的基地，既可以组织人员进行集中式的培训，又可以在小组之间进行培训。所有的培训都是以传播技术信息为主，这也是对农业技术进行推广的第一步，也就是说如果农户想要了解更多的农业技术，还需要先了解技术的相关信息。

（四）试验、示范

试验、示范是农业技术推广工作中的必然要求。因为农业技术的使用本身就存在一定的风险，要想农民欣然接受，就应该做好风险的控制工作。但是受自然生产特点的影响，这种风险不可能完全控制。所以针对这种情况做好试验、示范工作才是对农业技术使用安全的有效阐释。同时，它们也是做好农业技术推广工作的基础。

（五）印刷宣传单

这样的一种宣传方法是目前宣传成本最低，且覆盖最广的农业推广模式。这一推广模式可以将技术品种的说明、技术的操作要点都用简单的文字和图片表达出来，由于其成本较低，所以能够送到广大用户的手中，农户有时间就可以翻看，能够进一步地引导广大农户去掌握新技术。

典型案例

大学生创业带动农业技术推广

小黄是山西农业大学 2004 级农学专业的学生。由于家境贫寒,从大一开始,他就利用课余时间打工来赚取生活费,是一个充满激情而又踏实肯干的青年。为了通过自己的专业技能和学习能力获得更多的发展机会,他跑遍了太谷县的农村,自行设计调查问卷做调查,从而对太谷县农村农业发展状况有所了解;同时,他也特别关注国家政策,不断寻找创业之路。

1. 初出茅庐推广沼气池

在太谷县农村进行调查的过程中,小黄发现沼气池建设工程在太谷县刚刚开始推广,这个项目应该可行。2006 年五一小长假期间,小黄和同学到汾阳市对当地农民建设和使用沼气池情况进行调查。调查内容包括 3 个方面:①现阶段沼气池在当地的发展状况;②已建好的沼气池的使用情况(是否适用、使用方便与否、利用效果如何);③沼气池的建造成本,国家对沼气工程的政策情况。当时由于经济原因和时间原因,只印刷了 500 份调查问卷。这 500 份问卷分为两种,分别针对沼气使用户与非沼气使用用户。

汾阳市沼气用户少,调查中只有 10 户左右,而且用户较为分散。于是小黄他们又有 5 人去平遥县宁固镇做调查,用以补充汾阳市调查的不足。这次调查对象专门针对沼气用户,调查发现在宁固镇几乎家家建有沼气池,通过这次调查他们写出调查问卷报告。

报告结论有以下 3 点:①现阶段使用沼气池的人较少,知道的人也少,市场发展空间大。②现有沼气用户有的用得很好,有的用得不好。整体来看,养殖户感觉很好,而非养殖户则感觉较差,主要原因是非养殖户需要买粪肥,成本高。从发展对象来看,应优先发展养殖户。③现在国家政策比较好,国家推行生态家园富民工程计划,在农村推广沼气池,每建一个沼气池,国家补贴农民 500 元。因此,建沼气池在农村应该好推广。

这次调查对小黄鼓励很大,他觉得这个项目可以做。于是他开始在图书馆、网上找资料,学习理论知识;同时,他们找到一家做沼气池的工程队,通过打工学习建造工艺,这次学习用了大半年时间。在此期间,小黄了解到要承揽沼气工程,必须有沼气生产工国家职业资格证书,而要领取该证书,需要通过山西农业大学太原园艺学院鉴定站鉴定。于是,小黄去太原园艺学院了解了该证书的考试办法,之后在太谷县农业局报了名,于 2007 年 1 月参加了山西省农业厅在介休市组织的沼气生产工考试,并且顺利通过了考试。

2007 年"五一"刚过,小黄和他的团队就开始独立建造沼气池。考虑到村民对新事物的接受程度有差异。他们选择离学校较近的申奉村、杨家庄村和桃园堡村开始建造沼气池。小黄团队负责技术指导,包括沼气池尺寸大小、粪便比例、管道设计等内容,农户负责具体施工。这样他们只需要投入技术,在建设过程中严把质量关就可以完成任务。小黄他们在指导农民建造沼气池时特别认真,农户们也都认可他们的工程,慢慢地就打开了市场。在假期中,他们逐渐把建造沼气池的业务发展到范村镇、小白乡、北洸乡等太谷县其他农村。2007—2008 年,他们共为太谷县建造沼气池 200 多座,创收 5 万多元。

在 2008 年建造沼气池的过程中,小黄开始考虑转行了,原因主要有两方面:①沼气池建设好之后就可以长期使用,太谷县经过两年建设,沼气池工程基本完成了,以后业务会越来越少;②从大二开始,小黄他们就学习食用菌种植,2008 年已经进行了食用菌的试验种植。相比之下,人们对食用菌的需求更多,食用菌市场更具有持续性和扩张性。于是,他们选择停止建造沼气池。对于沼气工程,他们只留下一个沼气服务站,负责解决用户不产气、产气少、管道漏气等问题。

2.改弦更张生产食用菌

大二时,小黄上了"食用菌栽培技术"这门校选课,从理论上学习了食用菌种植技术。在这门课程学习期间，小黄认识了一个比自己高一届的学长，这个学长在大学期间就开始在阳曲县建大棚，种植食用菌。小黄主动帮这个学长建大棚、拌料，由于第一次种植食用菌，经验不足，小黄失败了。但是这次参与对小黄的锻炼很大，使他熟悉了食用菌生产的具体流程。

2007年秋季，小黄上大四。据他估算，一个10万人口的小县城一天消费1吨鲜菇没有问题，当时，全国食用菌生产企业并不多，从事食用菌生产前景广阔。他投入3万多元建起一个大棚，开始小规模种植食用菌。由于技术不过关，大多数食用菌种植失败，只有很少几批长势良好。小黄回顾整个种植环节，发现关键还是技术掌握不准确，灭菌不过关。经过多次种植试验，他们匹配了锅炉的大小与菌袋的数量，灭菌技术用了一年多时间彻底解决。除了灭菌问题外，还有石灰粉使用比例不当的问题（石灰粉主要用于调节酸碱平衡和灭杂菌）。半年下来，小黄投入的3万多元钱全部花完了。

2008年春季，小黄又投入3万元，继续进行食用菌种植，其间有成功，也有失败。小黄一边帮人建沼气池，填补亏空，一边继续探索食用菌种植技术。

2009年春季，小黄与其他两个同学各筹集了3万元继续进行食用菌生产。由于偶尔能出几批好的食用菌，他们扩大了生产规模，又建了一个大棚。这年的3月份，山西省团省委书记来食用菌种植大棚参观，鼓励大家好好干，这对大家鼓舞很大。小黄在学生社团的基础上，成立了太谷县绿能食用菌专业合作社，成为晋中市第一家由大学生组织成立的农民专业合作社。大家计划通过专业合作社好好发展食用菌生产，但是事与愿违，生产规模扩大了，可上半年还是一直赔钱。多次失败后，小黄开始静下心来思考多次失败的原因，发现自己有点死搬书本知识。因为每次出现问题时，他首先想到的是去图书馆、上网找资料，所有技术都源于理论，现在必须打破教条从实践中学习了。在这年，小黄专程到太原市食用菌种植较好的企业进行学习。他免费在那里干活,早起晚睡,在实践中探索食用菌种植技术,这样往返太原学习了 10 余次。从这一年 9 月 16 日开始,食用菌种植情况发生了好转,失败次数少了,实现了扭亏为盈。但由于资金不足,用于生产的两个大棚不得不减少一个。随着技术逐渐成熟,在生产过程中,小黄逐步建立起了自己的生产标准系统和管理制度。

2010 年年初,山西省国家级贫困县和顺县计划发展食用菌生产。经山西农业大学驻和顺县扶贫队牵线搭桥,和顺县与小黄签订食用菌技术指导合同,由小黄进行技术指导、原料供应等服务,全程指导和顺县食用菌生产。在小黄的服务下,和顺县成功种出了食用菌。在此之后,2011 年小黄又在宁武县对一个企业家承包的 500 亩蔬菜和食用菌大棚进行了食用菌技术指导,食用菌种植又取得成功。

3. 新形势下的新创业

2012 年,小黄已毕业 4 年,积累了一定的资金,他又建起了一个食用菌大棚,同时,小黄自己的业务也稳定为两方面,一方面继续从事食用菌生产,另一方面进行食用菌技术服务与培训。对于小黄来说,边实践边推广,用自己的试验与示范来带动自己种植技术的推广传播,效果很好。2013 年,小黄又建成了 3 个大棚,这样用于食用菌生产的大棚增加为 5 个,面向的市场主要是太谷县。同时,小黄继续在山西省的原平市、阳曲县、交城县、泽州县指导当地食用菌生产。

2015 年,小黄团队入驻山西农业大学创业园区。在这里,小黄的事业再上一个台阶,扩建大棚 15 个,租赁日光温室 3 个。他以讲座和培训班的形式对在校大学生及周边农户进行食用菌栽培技术的培训,累计带动大学生农村创业 12 人,发展大学生食用菌生产基地 12 个。

在食用菌种植过程中,小黄种植的品种不断增加,由最初只种植平菇,增加为种植平菇、香菇和灵芝 3 种食用菌。

2016 年 6 月,为了更好地开展食用菌技术研究,小黄团队整合太谷县食用菌研究领城资源组成立太谷县汇硕食用菌研究所。目前,该研究所形成的成熟技术有食用菌双层拱棚种植技术、接种钉接种技术、食用菌自动喷淋技术、锅炉遥控上水、自动断水技术等 5 项新技术。

经过多年的发展,小黄组建的合作社由最初的 5 名社员发展到现在的 58 名社员。2016 年,合作社仅太谷生产基地就实现年产平菇 150 吨、香菇 75 吨,年销售额 150 万元。合作社还先后在右玉、阳曲、离石、原平、太谷、和顺、宁武、交城、孝义、汾阳、乡宁、吉县、大同、襄垣、黎城、文水、泽州、应县、翼城、左权 20 个县市开展技术服务,培训"三区"科技人才、青年农场主、新型农民等 20000 人次,累计培训 100 余次,这些培训带动农户 1000 余户从事食用菌生产,建立大型生产基地 23 个,近年来,国家实行精准扶贫政策,贫困户种植食用菌可获得适当的补助,这也加快了贫困"三区"食用菌的发展。

在食用菌种植及技术服务的过程中,小黄坚持以食用菌产业化发展的理念去发展食用菌。目前,小黄的食用菌产业链延长了,由发展之初的技术指导,发展为现在的生产种植和原料供应以及产后产品回收。现在小黄可以生产适合黄土高原种植的多个菌种品种。2016 年,小黄在太谷县建立了第一个食用菌专卖店。该专卖店设立后,明显提高了当地食用菌种植户的利润,避免了同行业恶性价格竞争。在太谷县范围内生产的食用菌采取统一销售,由于价格合理、质量有保障,深受当地群众的喜爱。

案例中的小黄是一个创业者,也是一个农业技术推广者,更是一个农业技术推广的受益者。小黄在推广食用菌种植技术的过程中,几乎没有失败过。主要原因是找对了推广对象,推广对象有意愿、有热情、乐于学习。这些想致富的推广对象高度重视推广技术,愿意全心全意地投入时间和多方筹措资金。

小黄的推广对象主要分为两类:一类是企业高度重视食用菌种植技术,付较高的培训费用把小黄的团队成员请到企业进行技术指导,企业内部技术员学习也特别认真;另一类是个体种植户,这些个体种植户发家致富愿望强烈,对小黄不收取学费,免费提供学习条件。种植户需要在小黄种植基地学习2个月,他们自己解决吃住问题,既要付出时间,又要花钱,因此他们学习态度端正,技术掌握得较好。

由此我们可以看出,作为农业技术的推广者,我们要勤奋好学,要找准农业技术推广的对象,从易到难地进行。有行为改变的意愿,有一些行为改变的资源,缺乏改变的关键要素,这样的对象是农业推广的有效对象。在本案例中,无论是小黄,还是小黄服务的农户、企业和合作社,都具有这样的特征。这些人主动地参与推广过程中的目标确立、计划、沟通、建设过程,才使推广过程能够顺利进行并取得较好效果。

第二节　农业技术推广体系

一、我国农业技术推广体系

根据联合国粮农组织的调查,1910年以前全世界仅建立了14个国家级农业推广机构,且主要存在于一些发达国家。全球农业技术推广体系主要分为6大类,包括以政府农业部为基础的农业技术推广体系、以大学为基础的农业技术推广体系、非政府性质的农业技术推广体系、行业组织的农业技术推广体系、私人建立的农业技术推广体系以及其他形式。

在我国,农业技术推广体系主要包括5层机构,即国家、省、市、县、乡,县、乡两级农业技术推广部门有100多万人,其中乡镇占2/3,县级占1/3。按推广领域可以分为种植业、水产、畜牧兽医、农业机械、经营管理

5大系统。按性质可以划分为4类,即法律法规授权或者行政机关委托的执法和行政管理,比如农民负担管理、动植物检疫等;纯公益性工作,比如动植物病虫害监测新技术的引进试验;示范推广等中介性质的工作,比如农用品和产品的质量检测;对农民进行职业技能培训提供产销信息经营性服务,比如农产品的贮、运、销,农用物资的经营等。

我国现阶段的农业技术推广体系建立于计划经济时代,与市场经济要求有诸多不符,在推广方式、推广内容、机构设置、管理方式、运行机制、投资渠道等方面均有不足之处,需要不断健全农业技术推广体系,利用现代化技术手段提高农民综合素质完善农技推广服务链条,从而促进现代农业的发展,实现乡村振兴。

中国的农业技术推广体系包括中央、省、市、县、乡5级,设有农业技术推广、经营管理、畜牧兽医草原、水产技术推广、农机化推广及农业综合服务等机构。在中国,县、乡2级的农业技术推广部门是国家设立在县、乡2级直接为农民提供农业公共服务的基层农业技术推广体系,是整个农业技术推广体系的基础。在有些地方,县、乡农业管理部门和农业技术推广部门密切地联系在一起,有的甚至就是同一机构。

根据农业技术的公益性程度,中国农业技术推广体系的组织架构由公益性农业技术推广系统、准公益性农业技术推广系统和商业性农业技术推广系统3大模块(周腰华,2008)。公益性农业技术推广系统主要指政府及其延伸机构主导的科技服务系统,包括农业主管部门、政府科技局系统、政府财政部门等,是中国农业科技服务体系的领导力量;准公益性农业技术推广系统包括农业科技推广机构、农业科研院所、农村各种专业协会、学会等组织,以非营利性服务为主,是未来中国农业科技服务体系的主导力量;商业性农业技术推广系统主要包括合作经济组织、私人咨询组织、龙头企业、依托院校和科研院所的中介机构等以营利为目的的社会经济组织,是中国农业科技服务体系的重要新生力量。

二、我国农业技术推广体系的现状

(一)农业技术推广制度不完善,政府等部门协调不一致

通常,下级农业技术推广需要接受同级农业行政部门和上级农业技术推广机构的领导,而上级农业技术推广部门的职责主要是进行业务指导,其他方面的权利,如推广方式、推广内容、财务支配等由农业行政部门负责。由于农业技术推广制度不完善,导致很多工作无法落实到位,推广流程不规范,而且各部门之间协调不一致,往往会出现权责不明确等问题,严重影响农业技术推广效率。

(二)科研、教育及农业技术推广缺乏有效合作

在农业技术推广过程中涉及科研、教育及农业技术推广部门,而这些部门分属不同的政府部门管理,相互之间联系不大。但实际上,农业技术推广必须由专业的推广人才负责,而技术方面则需要科研工作者,所以三者之间相辅相成。所以,当前科研、教育及农业技术推广部门之间缺乏有效合作,严重影响农业技术推广工作的开展。相比美国农业技术推广模式(农业技术推广中心设在大学里),我国农业技术推广呈现出低水平、松散性、随意性等特点,其优势并未体现出来,也没有发挥农业技术在现代农业发展中的作用。

(三)农业技术推广非全面推广,过于重视技术推广

在我国农业技术推广工作中往往只重视技术推广,而理念与现代农业推广相悖,很多实践性工作未做到位,导致农业技术并没有真正用于"田间",农民的接受程度不高。同时,在农业技术推广过程中没有综合考虑农民的生活水平、素质水平及农村实际建设水平等,认为这些与农业技术推广没有任何联系,导致农业技术推广盲目性较高、效果不佳。

(四)农业技术科研单位缺乏创新性,推广方法不当

创新在现代农业发展及农业技术推广过程中十分重要,但是科研单位创新力不足也是当下非常突出的问题。由于农业技术科研单位缺乏

创新性,导致科研与生产环节脱节,很多科研成果仅限于在实验条件或院所园区的严格管理下才能使用,一旦运用到基层、田间,其效果就会大打折扣。其原因在于农民种植条件和管理情况与科研院所有很大差距,在这种情况下科研成果无法推广到实际生产中。另外,科研人员及农业技术推广人员并没有站在农民角度考虑问题,也没有了解农民的心理,导致推广方法选择不当,很多优良的农业技术得不到实践应用,造成极大的浪费,也会打消科研人员的研究积极性。

三、基层农业技术推广服务体系建设

基层农业技术推广服务体系在现代农业发展中起到了重要作用,但也是农业科技向生产领域转移和扩散过程中较薄弱的环节。随着市场经济发展的不断深化,农村、农业、农民"三农"问题日益凸显,在基层农业技术推广方面存在的缺陷也越来越显著。比如,农业技术推广体制不完善、经费不足、推广队伍结构不合理等,严重影响了基层农业技术推广服务体系的构建。当前我国农业正处于向现代农业发展的转折时期,为了推进现代农业长久发展以及科技水平提升,必须重视并加强构建科学的基层农业技术推广服务体系,将先进科技切实转化为现代生产力,突破传统农业生产模式。

（一）整合资源,促进农科教、产学研有机结合

农业技术研发与推广应用全过程涉及多个部门和多个学科,必须做好规范,使各部门之间相互配合,使农业技术科研、推广、生产及教育部门紧密联系在一起,从源头上解决科研与生产实际脱节的问题;开拓农业技术推广服务的多种实现形式,实现创新发展,可以通过招投标、政府认购或委托服务等多种渠道,鼓励科研单位积极参与到重大农业技术推广计划中,提高农业技术推广的有效性;定期举办科技成果展示会等,实现科研成果与推广应用的完美衔接,还可以在现场提供科技成果转化咨询、转让等服务。为了促进科技成果的有效转化,还可以建立新型农业

科研开发体系,以涉农企业为核心,对其进行扶持等,使科技成果成为真正的生产力,发挥其在现代农业发展中的作用。

(二)拓宽资金来源,加大对农业推广的投入

政府在农业技术推广过程中发挥着不可缺少的作用,应在政府的领导下全面落实中央出台的关于农业技术推广的相关激励政策等,顺应国家趋势,促进农业技术的有效推广。

首先,加大农业技术推广服务的资金投入,并根据地区农业发展情况适当增加服务经费财政预算额度,确保农业技术推广过程中的人员经费、业务经费、仪器设备经费和专项经费等有效落实,并从农业技术人员利益出发,解决基层农业技术推广人员的现实问题。

其次,设立农业科技推广助推基金,主要用于新品种、新技术等方面的研究,促进更多先进技术的研发与应用,提高农业现代化水平。而且要设立科技成果产业化开发专项基金,主要用于重大农业开发项目以及促进科技成果转化及在实践中的应用。

最后,拓宽融资渠道,吸引社会资本参与到科技创新与农业技术推广中,政府部门可以在税收等方面给予优惠,使农业技术真正推广到生产实际中。另外,政府需要进行财政资金扶持,重点用于农民专业合作社、农业技术协会开展农业技术推广与技术培训工作,这也是促进科技成果及农业技术应用到生产实践的重要途径。

(三)发挥社会各方力量,构建多元化农业技术推广服务体系

为了促进农业技术推广更好地落实到现代农业生产中,应加快构建完善的、特色的、全面的及高效运行的农业技术推广服务体系,促进建设多元化的社会化农业技术推广体系,拓展农业技术推广渠道。比如,可以加大培育和发展农资经营、种子种苗、农机作业、病虫防治和产品营销等具有综合性、专业性的农业服务组织,使农业技术推广服务体系更加完善和实用;根据市场化方式运作原则,鼓励涉农服务组织依法进入农业技术推广服务行业,提供经营性农技推广服务,满足农民及农业生产

中对农业技术的现实需求;探索并发展公益性农业技术服务,在经营性农业技术推广服务组织主动加入公益性推广服务中的情况下,政府部门应发挥其作用,以采购服务的方式调动经营性农业技术推广组织的参与积极性;鼓励社会化农业技术服务组织主动参与重大农科推广项目、建设科技示范园等,鼓励农民到示范园进行参观和学习,甚至可以让农民留在基地学习专业技能,缩减农业技术推广的"距离",也能使农业科技成果真正用于农业生产,出现在田间。

(四)提升农业技术推广人员的专业水平

在农业技术推广服务体系建设过程中,具有专业素质与能力的农业技术推广人员是必不可少的。在这种情况下,可以考虑与高校合作,通过定向培养、定向招生、免除学费等方式鼓励优秀人才参与到农业技术推广工作中。同时,建立基层农机推广人员长远的教育机制,定期安排农业技术人员学习前沿知识,并参加继续教育培训,提升农业技术推广人员的专业能力。在这一过程中产生的学费及相关费用可以由政府等相关部门给予补偿。另外,建立完善的人才培养、设立激励机制,鼓励优秀人才参与农业技术推广服务,提高农业技术推广服务水平。针对基层农业技术推广人员,尤其是村以下兼职农业技术人员、科技示范户等人才进行专业培训,学习理论知识及实践技能,而且表现优异的农业技术人员可以为农民提供专业指导,进行农业技术知识讲解等,真正将农业技术用于农业生产实际,使科研成果与生产实际紧密联系在一起。通过对农民进行专业指导,不仅有助于提高农业技术推广人员的综合能力,而且有助于提高农民的科技文化素养与示范推广能力,发挥其示范和引领作用,对农业技术的有效推广起到重要的促进作用。

综上所述,农业技术推广是一个非常全面的体系,这个体系中包含了人(农户、农技推广者等)、物(资金、物资等)、法(相关法律法规)等,无论是基层干部,还是农业技术推广者或是农户,都应当将农业技术推广工作放在一个系统中,调动身边的系统资源,达到整个系统的运转。

第三节　农业现代化发展与农业技术推广

一、农业现代化的基本内容

农业现代化的表现之一是让大家一年四季都能吃到新鲜、绿色、健康的蔬菜。因为有了现代化技术的支持,可以在温室中培育健康、营养、无公害的蔬菜,使得大家在任何季节都可以吃到新鲜蔬菜。由此可见,农业现代化发展得益于农业技术的推广。

农业现代化发展的特点主要是:农业生成设施在不断地优化、完善;现代化农业技术与管理相结合使用;专业化与产业化共同发展。

二、农业现代化的特征

(一)技术科学化

从当代农业发达国家的实践看,现代农业科学已成为门类齐全、日益完善的科学体系,主要表现在:第一,现代生物技术、信息技术、空间技术、遥感遥测技术、激光技术、能源技术、核辐射技术、微电子技术等相互渗透、融合、补充,使农业科学技术日益成为综合性的大科学体系,使农业呈现高科技特色。第二,在农作物品种改良方面,由于遗传学的发展和育种技术的进步,已培育出许多高产、优质、抗逆、适于机械化作业的新品种。特别是杂交矮秆耐肥品种的培育和推广为提高粮食作物产量做出了巨大贡献。第三,栽培技术向集约化、模式化、定量化的方向发展;灌溉技术向节水、高效的方向发展。第四,复合肥料、高效浓缩肥料和长效肥料的使用已成为一种趋势;肥料中加入除草剂和杀虫剂,使肥料变成了农药的载体,既节约了成本,又增加了农药的安全性。

(二)操作机械化

传统农业中的大量手工劳动,在现代农业中已被机械所代替。在一些农业发达国家,已形成了农业机械作业体系,从作物的种、管,到农产品的运输、贮藏全部实现机械化作业。特别是畜牧业的机械化程度达到很高水平,如养鸡业中的给水、给料、收蛋、装箱等作业全部被计算机控制的机械所代替。

(三)产销社会化

根据不同地区的自然条件和经济条件,各地区种植作物相对集中,形成专业化、商品化的生产基地。农业生产社会化的发展,使农业生产成为一个产、供、销紧密联系的实体。种子、农药、化肥和农机具等生产资料均由专业公司经销,农产品的收购、贮藏、加工也有专门的机构负责,农业生产部门和为其提供服务的各部门,均能做到规模经营,提高了生产效率。

(四)生产高效化

衡量农业现代化水平的重要指标是农业劳动生产率和土地生产率。劳动生产率是指一个农业劳动力能耕种多少耕地,能生产出多少农产品。世界上农业劳动生产率高的国家有加拿大、美国和澳大利亚等国,平均每个农业劳动力可耕种66.7公顷耕地,生产粮食70000千克以上。各国土地资源、气候条件差异悬殊,很难直接用单位面积产量来比较土地生产率的高低。但一般情况下,农业现代化程度高的国家或地区土地生产率也会较高。

(五)农民知识化

以人为本是现代农业的重要特征。随着现代农业的发展,农业生产过程中的科技含量越来越高。因此,只有农民理解和掌握了现代科学技术,才能使科学技术转化为生产力;同时由于现代农业的生产规模大,农产品的商品率高,也要求农民掌握高效的企业化管理方法,不断提高经营水平。在现代化农业国家,农民大多完成了义务教育或接受过中高等职业教育。大多数欧洲国家规定,青年农民必须获得"绿色证书"才有资格从事农业生产,获得继承权和优惠贷款。美国的农场主大多具有高中以上文化水平,约有 1/4 是大学毕业生,有的农场甚至是由大学教授兼营的。

三、农业现代化的发展趋势

(一)信息化立体农业

随着计算机、通信、人工智能等技术的迅速发展,农业生产越来越依赖于计算机或其他通信工具和设施的信息化。农业信息化的基本特征是农业基础设备小型化,农业技术操作全面自动化、农业经营管理信息网络化。

(二)现代生态农业

现代农业的高度工业化和化学化所引起的资源短缺、环境恶化等问题,20 世纪 70 年代已经引起国际社会的高度关注。一些农业发达的国家已经开始寻求所谓的替代农业,提出了有机农业、生态农业等概念,倡导用生态上的管理技术,使农业发展实现持续高产。

(三)可持续集约农业

可持续集约农业的基本思想是:既追求现代农业的高产、高效化目标,又吸收生态农业重视和保护环境的各项技术措施;既不同于石油农业那样投入大量的石化资源,又不同于生态农业那样排斥石化资源的使用。也就是说可持续集约农业是一种综合兼顾了产量、质量、效益和环境等因素的农业生产模式,是在不破坏环境和资源、不损害子孙后代利益的前提下,实现对农产品供需平衡的农业发展模式。

(四)工厂化农业(设施农业)

自 20 世纪中叶以来,农业科学技术部分变成了以研究动植物在工厂、工程这类人造环境条件下生长发育规律,并协调它们与新生活环境相适应的科学技术。

工厂化农业包括工厂化栽培和工厂化养殖两个方面。工厂化农业使用不同的生产和管理方式,高效、均衡地生产各种蔬菜、花卉以及畜禽蛋等农产品,用人工控制环境因子如光、温、水、二氧化碳、营养等的方法来获得动植物最佳生长条件,达到增加产量、提高品质、延长生长季节等目的。工厂化农业的设施有地膜覆盖、小拱棚覆盖、塑料大棚(网棚)温室或支持性的泡沫房等。种植业工厂化的基础是无土栽培。设施农业目前正朝着自动化、智能化与网络化方向发展,最终发展成为无人化的全自动控制的植物工厂。

(五)高新技术农业产业化

高新技术在空间上不断拓展,如"蓝色农业"又称海洋农业,促进水产养殖,推动海洋农业向集约化、农牧化方向发展,建立海洋农场和海洋养殖基地,实现"蓝色革命"。利用微生物资源,以动植物为原料,发展"白色农业"等相关产业,建立单细胞蛋白质工业及海藻生物技术和产业等。利用动植物分子遗传学和转基因技术,实现商业化大规模生产蛋白质、药物、疫苗及酶等物质,用于预防和治疗人和动物的疾病。将航空航天技术与农业和生物技术结合,发展"太空农业"。

农业产业化、市场化和企业化将成为现代农业发展的必然趋势。

四、农业技术推广与农业现代化的关系

农业教育、科研、推广构成农业发展的三种要素,三者处于同等重要的地位,相互作用,相辅相成,相互反馈,缺一不可。发展农业、繁荣农村、富裕农民是我国社会主义新农村建设的重要任务。若不采取教育、科研、推广并举的方针和各种具体措施,就难以形成一个向农业投入科技成果的强有力的系统。通观古今中外历史,农业发展实践证明,科技进步对人类的任何贡献,都是通过推广实现的。没有发达的农业技术推广,便没有农业现代化,也就没有繁荣的农村和富裕的农民。

现代农业需要农业科学技术,农业科学技术需要农业技术推广。农业技术推广是将新知识、新技术、新信息、新技能应用于农业生产,使之变成实现生产力的最有效手段。只有农业技术推广才能更好地、更直接地把科学技术与农业生产有机地结合起来；只有农业技术推广才能把农民的需求与科学技术密切结合起来。实践证明，科技成果推广越及时，应用的范围越广，效率越高，取得的经济效益、社会效益和生态效益越好，科技对经济和社会发展的促进作用也就越大。日本、德国、荷兰等国之所以跃居为世界农业先进国家，主要成功经验就是重视和发展推广事业。重视和积极发展农业技术推广，是促进农业科研、农业教育和农业生产相结合，实现农业现代化的一项重要战略。

我国通过对农业技术的推广和使用，使农村的农业生产力获得了进一步的提高，在很大程度上促进了农业的发展，进而在农业经济效益方面取得了进一步的提升，农民也获得了更多的收入，并且实现了收入的逐年增长，可见农业技术的推广不仅对现代化农业进程的发展有着重要意义，而且还推动了社会主义现代化新农村的建设。

五、农业产业化与农业技术推广

在第一章里，我们已经了解了农业产业化，那么，农业产业化和农业技术推广是什么关系呢？农业产业化和农业技术推广都是手段，目的是为了推动农民增收、农业增效、农村增能，实现传统农业和现代农业的有效衔接，有利于加快农业现代化的发展。

农业技术推广促进农业产业化发展，农业产业化发展助力农业技术推广。在农业发展的过程中，其专业化发展方向主要是农业合作社与农产品合作社等，通过对农业用地的有效整合，不仅可以有效节约社会资源，而且还提高了经济效益。而产业化的主要发展方向是龙头企业引领农民发展，这些龙头企业在发展中为农民提供相应的社会化服务，降低了农民市场销售风险，保证了农民经济生产效益。

农业生产质量不仅关系到国家的兴衰存亡，还会对人民的温饱造成影响。因此，为了更好地发展农业，就要引进新的农业技术来提高农产品的产量，满足我国这个人口大国的需求。农业技术推广体系是实施科教兴农战略的重要载体,是推动农业科技进步的重要力量,是发展现代农业、促进农业发展方式转变的重要支撑。

对农业生产发展来说,农业技术是重要的内在动力因素。农业技术在提高产量、降低劳动力、提高生产率方面的显著作用毋庸置疑。做好推广工作才能使农业技术得到良好的应用,在农业技术推广中面对日新月异的推广格局,如何才能利用不同的形式与方法来提高推广的效率是值得引起足够关注与重视的问题。

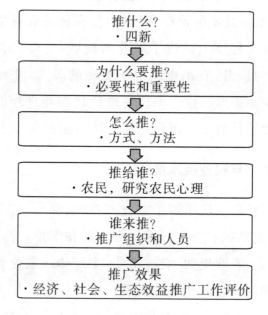

第三章 农业产业化龙头企业经营与农业技术推广

　　《中华人民共和国农业技术推广法》明确说明农业技术推广是指通过试验、示范、培训、指导以及咨询服务等,把农业技术普及应用于农业产前、产中、产后全过程的活动。将应用于种植业、林业、畜牧业、渔业的科研成果和实用技术普及应用到我国大地上,可以发展出更高产、更优质、更高效且安全的农业,进而提高我国农产品的核心竞争力。

　　我国实行国家农业技术推广机构与农业科研单位、有关学校、农民专业合作社、涉农企业、群众性科技组织、农民技术人员等相结合的推广体系。大力支持供销合作社、社会团体、企业等多元主体开展农业技术推广服务,农业产业化龙头企业也是其中重要的组成部门。农业产业化龙头企业开展农业技术推广工作,对其内部发展与外部竞争都有很大的帮助与促进。我国的农业技术推广服务可分为公益性推广与经营性推广,农业产业化龙头企业主要开展试经营性推广,本章将从多个方面介绍龙头企业与农业技术推广工作的内容。

第一节　农业产业化龙头企业的基本情况

一、农业产业化龙头企业的概念

龙头企业是农业产业化经营的关键主体,是指在农业产业化经营中,依托农副产品生产基地建立的,能够带动农户,并与基地农户形成风险共担、利益共享的产加销一条龙、贸工农一体化的新型企业组织形式。龙头企业一般应具有打开市场、引导生产、加工转化、销售服务等综合功能,可以是加工企业,也可以是流通企业等。龙头企业涵盖三个产业,可以是农业的种植、养殖、生产或加工企业,可以是中介组织和专业批发市场等流通企业。它不同于一般的工商企业,它肩负有开拓市场、创新科技、带动农户和促进区域经济发展的重任,能够带动农业和农村经济结构调整,带动商品生产发展,推动农业增效和农民增收。只要具有市场开拓能力,能够进行农产品深精加工,为农民提供系列化服务,带动千家万户发展商品生产走向市场的,都可以申请认定龙头企业。

二、龙头企业的认定与监测

我国在 2010 年制定了《农业产业化国家重点龙头企业认定和运行监测管理办法》,该方法在 2018 年得到了修改,经过多年的努力,我国已构建了国家、省、市、县四级农业产业化龙头企业队伍。其中国家重点龙头企业是指以农产品生产、加工或流通为主业,通过合同、合作、股份合作等利益联结方式直接与农户紧密联系,使农产品生产、加工、销售有机结合、相互促进,在规模和经营指标上达到规定标准并经全国农业产业化联席会议认定的农业企业。国家从企业组织形式、企业经营的产品、生产、加工、流通企业规模、农产品专业批发市场年交易规模、企业效益、企业负债与信用、企业带动能力、企业竞争力进行评审认定。2019 年,农业农村部新认定第六批 299 家国家重点龙头企业,平均资产规模、销售收入均超过 8 亿元,平均辐射带动农户 2 万左右。各地根据乡村产业发展实际,设立不同标准分别开展省级、市级、县级龙头企业认定。截至2020 年 8 月,全国县级以上龙头企业约 9 万家,其中省级以上龙头企业近 1.8 万家、国家重点龙头企业 1542 家。

一经认定为县级、市级、省级或国家级重点龙头企业,会得到严格的监测。《农业产业化国家重点龙头企业认定和运行监测管理办法》(农经发〔2018〕1 号)对生产、加工、流通企业需要达到的资产规模、销售额、带动农户数等标准进行细化,并两年开展一次监测。经营不善,不符合条件的龙头企业退出龙头企业名单。同时,在认定监测过程中,对贫困地区推荐的企业适当放宽条件并在申报指标上予以倾斜。

内容拓展:申报农业产业化国家重点龙头企业的基本标准

(一)企业组织形式。依法设立的以农产品生产、加工或流通为主业、具有独立法人资格的企业。包括依照《公司法》设立的公司,其他形式的国有、集体、私营企业以及中外合资经营、中外合作经营、外商独资企业,直接在工商行政管理部门注册登记的农产品专业批发市场等。

(二)企业经营的产品。企业中农产品生产、加工、流通的销售收入(交易额)占总销售收入(总交易额)70%以上。

(三)生产、加工、流通企业规模。总资产规模:东部地区 1.5 亿元以上,中部地区 1 亿元以上,西部地区 5000 万元以上;固定资产规模:东部地区 5000 万元以上,中部地区 3000 万元以上,西部地区 2000 万元以上;年销售收入:东部地区 2 亿元以上,中部地区 1.3 亿元以上,西部地区6000 万元以上。

(四)农产品专业批发市场年交易规模:东部地区 15 亿元以上,中部地区 10 亿元以上,西部地区 8 亿元以上。

(五)企业效益。企业的总资产报酬率应高于现行一年期银行贷款基准利率；企业诚信守法经营，应按时发放工资、按时缴纳社会保险、按月计提固定资产折旧，无重大涉税违法行为，产销率达93％以上。

（六）企业负债与信用。企业资产负债率一般应低于60％；有银行贷款的企业，近2年内不得有不良信用记录。

（七）企业带动能力。鼓励龙头企业通过农民专业合作社、家庭农场等新型农业经营主体直接带动农户。通过建立合同、合作、股份合作等利益联结方式带动农户的数量一般应达到：东部地区4000户以上，中部地区3500户以上，西部地区1500户以上。

企业从事农产品生产、加工、流通的过程中，通过合同、合作和股份合作方式，从农民、新型农业经营主体或自建基地直接采购的原料或购进的货物，占所需原料量或所销售货物量的70％以上。

（八）企业产品竞争力。在同行业中企业的产品质量、产品科技含量、新产品开发能力处于领先水平，企业有注册商标和品牌。产品符合国家产业政策、环保政策和绿色发展要求，并获得相关质量管理标准体系认证，近2年内没有发生产品质量安全事件。

（九）申报企业原则上是农业产业化省级重点龙头企业。

来源：《农业产业化国家重点龙头企业认定和运行监测管理办法》农经发〔2018〕1号

各省级的农业产业化龙头企业的认定及运行检测都有相应的管理办法，如《广东省重点农业龙头企业认定和运行监测管理办法》制定了具体的认定及监测指标，如下表所示。

广东省重点农业龙头企业认定与监测措标

企业类型	农产品生产、休闲农业	农产品加工、流通	农产品交易市场	农产品批发商务	农产品电子商务	其他涉农企业
指标及评分标准（30分）企业规模 1. 年销售收入（主营业务收入）/交易额	农产品销售收入（主营业务收入）达4000万元的计25分，不达标的计0分；超过4000万元的，每超过500万元加1分，最高加5分。	农产品销售收入达5000万元的计25分，不达标的计0分；超过5000万元的，每超过500万元加1分，最高加5分。	农产品交易额达7.5亿元的计25分，不达标的计0分；超过7.5亿的，每超过1.5亿元加1分，最高加5分。	农产品销售收入达2亿元的计25分，不达标的计0分；超过2亿的，每超过1000万元加1分，最高加5分。	农产品销售收入达到5000万元的计25分，不达标的计0分；超过5000万元的，每超过200万元加1分，最高加5分。	从事农机、农药、兽药、饲料、肥料生产及服务的涉农企业主营业务收入达到8000万元；农技推广类的达到2500万元，其他主营业务收入达到5000万元（农技推广类每超过500万元加1分，最高加5分。
2. 总资产	2000万元及以上，不达标的扣2分。	4000万元及以上，不达标的扣2分。	1.5亿元及以上，不达标的扣2分。	／	／	农技推广类企业达到1500万元以上，其他类型企业达到2000万元以上，其他类型企业不达标的扣2分。
固定资产	1000万元及以上，不达标的扣2分。	1500万元及以上，不达标的扣2分。	1亿元及以上，不达标的扣2分。	／	／	农技推广类企业达到800万元以上，其他类型企业达到1000万元以上，不达标的扣2分。

续表

企业类型	农产品生产、休闲农业	农产品加工、流通	农产品批发市场	农产品电子商务	其他涉农企业
企业信用（15分）	1. 企业审核年度依法纳税的计5分，欠税的计0分。				
	2. 企业未拖欠职工工资、未欠缴社会保险费的计5分，若有一项不达标的扣5分。				
	3. 企业在金融机构没有不良信贷记录的计5分，有不良记录的计0分。				
企业资产负债率（5分）	50%及以下的计5分，高于50%低于70%（含70%）的计3分，高于70%的计0分。	60%及以下的计5分，高于60%低于80%（含80%）的计3分，高于80%的计0分。			
企业总资产报酬率（5分）	企业的总资产报酬率≥现行一年期银行贷款基准利率的计5分，基准利率的50%≤报酬率<基准利率的计3分，报酬率<基准利率的50%的计0分。	50%及以下的计5分，高于50%低于70%（含70%）的计3分，高于70%的计0分。			
企业带动农户能力（20分）	1. 以企业与各类经营主体、农户或经济组织签订合同、协议，"订单农业"、产销服务等方式带动农户。带动农户不足500户的计0分；500～1000户（不含）的计5分；1000～1500户（不含）的计7分；达到1500户的计10分；超过1500户的，每增加100户，加1分，最高加3分。				
	2. 企业所带动的农户从产业化经营中户均年取得收入1500元的计5分，不达标的计0分；取得收入超过1500元的，每增加500元，加1分，最高加2分。				

企业类型		农产品生产、休闲农业	农产品加工、流通	农产品批发市场	农产品电子商务	其他涉农企业
指标及评分标准（10分）	企业生产示范基地与设施（10分）	1.种植企业：粮油作物种植500亩及以上；蔬菜、水果、茶叶、中药材、糖蔗种植分别达到200亩及以上；油茶种植2000亩及以上；花卉种植或设施大棚种植10000亩及以上；商品林种植10000亩及以上；其他作物种植100亩及以上。2.畜禽养殖企业：家禽养殖年出栏量100万只及以上；生猪养殖年出栏量1000头及以上，或年出栏牛羊1000头及以上。3.水产养殖企业：养殖面积100亩或年产量200吨及以上。	1.木材加工企业：造林利用企业：有符合农产品加工食品加工卫生标准的加工场地和设施。达到一项计5分，达到两项计10分。2.农产品加工企业：有符合国家环保要求的交易场地和相应的生产设施与经营规模相适应的加工场地和设施。达到一项计5分，达到两项计10分。	有符合国家环保要求的交易场地和农产品运输、贮藏设施。达到一项计5分，达到两项计10分。	有实体体验店（场）和保鲜贮运或其他配套设施。达到一项计5分，达到两项计10分。	涉农技术推广类企业（不含农技推广类）：有农技推广（加工）适应的生产和相关配套设施。达到一项计5分，达到两项计10分。有1项及以上先进技术（良种）在全省范围内有较大示范推广应用面积、规模应用情况计分，最高计10分。

企业类型	农产品生产、休闲农业	农产品加工、流通	农产品批发市场	农产品电子商务	其他涉农企业
指标及评分标准 企业生产示范基地与设施 （10分）	4. 海洋捕捞企业：生产渔船20艘或以上。年产量1000吨及以上。 5. 休闲农（渔）业：自有基地规模原则上参照种植企业（水产养殖企业）。 6. 其他企业：有与经营规模相适应的示范基地或产量。达不到上述要求的计0分。	3. 农产品流通企业：有符合国家环保要求的交易场地和农产品保鲜贮运设施。达到一项计5分，达到两项计10分。			

符合以下条件的增计分数，最多计15分：

1. 建立了质量管理体系和标准体系，计1分。
2. 通过质量管理体系认证，计1分。
3. 能够按照高于国家标准、行业标准、地方标准进行生产，计1分。
4. 使用质量安全追溯管理平台，开展农产品质量安全追溯管理的计2分。
5. 获得政府质量奖，无公害农产品、绿色食品、有机食品认证，有其中一项的计2分。

企业类型	农产品生产、休闲农业	农产品加工、流通 农产品批发 市场 商务	农产品电子 其他涉农企业
指标及评分标准（10分）	农产品生产示范基地与设施	6.获得省名牌产品（农业类）认定资质，计1分。 7.入围省名特优新农产品区域公用品牌产品，计1分。 8.获农产品原产地、地理标志产品认证，计1分。 9.有专利证书，计2分。 10.有商标注册证，计1分。 11.通过环境管理体系认证，职业健康安全管理体系认证，食品安全管理体系认证，危害分析和关键控制点体系认证，环保达标评定，有其中一项的计2分。 12.拥有新品种权，计1分。 13.获省级及以上科技成果奖，科技推广奖，有其中一项的计2分。 14.获高新技术企业资格，计2分。 15.被列为省"菜篮子"基地、粤港澳大湾区"菜篮子"生产基地及产品加工企业，有其中一项的计2分。 16.被评为省级标准化示范场，水产健康养殖示范场，有其中一项的计2分。 17.被评为中国种业骨干企业、国家或省级良种场，有其中一项的计2分。 18.被评为省级及以上休闲农业与乡村旅游示范点，农业公园，3A级及以上旅游景点，有其中一项的计2分。 19.有企业管理制度和财务制度的计1分。 20.获得省级及以上其他奖励的计1分。		

三、农业产业化龙头企业的行业分类

从行业分布来看,农业产业化龙头企业以农业产业结构和经营项目为基准,可以分为五大类,即种植业、畜牧业、水产业、林特产业及其他。

种植业是指以种植业产品为主、实行一体化经营的组织。具体包括粮油食品、种子、蔬菜及加工品、烟叶及加工品、食用菌及加工品、水果及加工品、茶叶及加工品、花卉、饲料、其他种植业产品及加工品等。

畜牧业是指以畜禽产品为主、实行一体化经营的组织,具体包括猪肉及加工、奶牛及乳制品、禽肉、禽蛋及加工品、其他畜产品及加工品。

水产业是指以淡水或海水中各种养殖或捕捞产品为主、实行一体化经营的组织,包括水产品及水产加工品。

林特产业是指林产品为主、实行一体化经营的组织,可以分为竹及竹制品、木材及木材加工品、其他林产品及加工品等。

其他是指未纳入上述分类的其他产品及加工品。

第二节 农业产业化龙头企业与农业技术推广

在对农业产业化龙头企业有简单的认识了解后,我们需要了解农业产业化龙头企业与农业技术推广之间的关系。首先,我们需要明确农业产业化龙头企业为什么要进行农业技术推广,继而介绍推广农业技术的环境,包括其自身推广的优劣势、环境中的有利条件及机会,以及环境中存在的威胁。

一、"为什么"——龙头企业开展农业技术推广工作的动机

农业产业化龙头企业追求企业利润的最大化,开展农业技术推广的最大目标也是如此,对企业发展有利的举措,企业都可能会采取。

龙头企业的技术效率影响企业运营效益。崔玉宝和刘学通过测量411家国家级农业龙头企业的经营效率,发现纯技术效率是造成龙头企业经营效率偏低的主要原因而非规模效率,增加农业技术的研发投入和提高劳动效率是企业经营效率提升的重要措施。企业经营效率的高低影响着企业利润。所以作为农业发展主要助力器的农业技术,更是龙头企业长效发展提升经营效益的重要支撑。推广农业技术有利于提高龙头企业的核心竞争力。将农业技术作为企业发展武器,将技术渗透到产业化经营的多个环节,能更好地"打磨"农产品,"打响"企业品牌,提高企业经营效率与效益。

企业通过交易来获取利益。龙头企业对于农业科技推广服务的投入有一个基本的条件:如果他们认为通过推广服务,能对他们商品交易时有利,公司企业就愿意为推广服务投资,其最终目标是增加企业的经济利益。农产品加工型企业为了能够获得稳定的、标准化的、市场化的、质量达标的原料或农产品,向农民提供一体化的技术服务,并按照一定的操作规程对农户进行技术指导,引导农民进入市场,促进了新技术的推广。对于贸易型企业来说,企业发挥自己的信息优势,把经营相对专一化的农民组织起来,通过技术引进、开发、试验示范和培训,使生产出的产品达到贸易需要的标准。对农业生产资料生产型企业来说,企业为了推销生产资料,为农民提供技术服务。如,饲料生产企业为养殖户提供养殖技术指导、防病防疫指导等服务。

推广农业技术有利于降低经营成本,获取更大的经营利润。龙头企业将农业技术用于农业产业化的经营过程,在一定程度上能降低支付给体力劳动者的成本,还能够有效地加强对农产品的质量安全监控,把好

产品的质量关,确保产业化经营的安全性,继而有更大的机会占领消费者市场。同时,将农业技术向农户、家庭农场、农业专业社等主体进行推广,可以帮助他们增收致富,继而获取并增进相互间的信任,增进龙头企业与不同主体的利益联结机制,为日后的农业产业化经营打下良好的基础。

市场要求龙头企业开展农业技术推广。在社会市场经济的大环境下,企业的产品也面临优胜劣汰的残酷局面,只有有竞争力的产品才能获得消费者市场。这就要求龙头企业采用高新技术调整产品结构,提高生产效率,满足国际国内市场需求,求得企业生存与发展。为此,龙头企业必须积极地、主动地将农业技术推广给农产品的提供者、加工者等产业化经营过程中的主体,以保障企业生产出的商品质量。

二、农业产业化龙头企业开展农业技术推广工作的环境分析

(一)农业产业化龙头企业开展农业技术推广工作的内部优势分析

想分到市场的"大蛋糕",就需要围绕市场需求进行发展,根据消费者的"口味"提供相应的农产品。农业产业化龙头企业为了生存,为了获得利润,更有心思开展农业技术推广工作,以提高产品的质量。相对政府、农户和科研单位来说,企业具有较好的市场把握能力,对于市场的变化感觉敏锐,有一定的降低风险能力。

雄厚的资金是龙头企业开展农业技术推广的重要保障。开展农业技术推广工作需要消耗大量的资金,但往往只是占龙头企业的百分之几,这对于企业来说并不多,但其产生的经济效益往往很大。

较大的企业都有自己的研发力量,并拥有自己的核心技术。结合企业及其他合作者的需求进行专业技术的研发、利用与推广,能加大龙头企业在市场竞争中的优势。

龙头企业拥有精良的设备,先进的技术。按照罗杰斯创新扩散理论分类,龙头企业属于突破阶段,它们拥有良好的生产经营条件,信息通

畅,为了增加经济效益,它们勇于创新、敢于冒险,是新技术的制造者。与此同时,按照创新采用者的分类,龙头企业属于创新者或早期采用者,不但将自己的创新成果进行推广,同时将科研院所、高等院校等不同主体的科技成果率先采用并推广。

龙头企业的科学管理技术可应用于农业技术推广工作。龙头企业往往采取科学的管理方式提高企业管理效率,在管理方面较有优势,对于其开展农业技术推广工作也有一定的促进作用,尤其是在农业技术推广的多元沟通管理方面,协调农户与企业间的关系。企业对于技术的要求有一定的标准,技术服务一般较为统一规范,对于改变农民松散、自由的生产有积极的作用。再者,农业技术推广内容是龙头企业来组织与决定,比起政府的推广组织看,没有过多的繁文缛节。

龙头企业领导者的爱农助农思想有利于农业技术推广工作。很多龙头企业的领导者心中有农,依托龙头企业,大胆创新,大胆推动农业技术推广工作,向更多的农户、农民合作社等推介新型农业技术,借助农业技术发展农业、推动农业,为农业贡献出一份力量,这是龙头企业领导者勇担社会责任的最显眼举措。

(二)农业产业化龙头企业开展农业技术推广工作的内部劣势分析

专业人才匮乏。人才是开展农业技术推广工作的宝贵资源,只有懂农的人才知道如何更好地开展农业技术推广服务,将农户的需求、企业合作伙伴的需求掌握在手,才可以提高龙头企业的产业化经营水平。企业自身的人才往往不能满足这一要求,龙头企业可以通过与高等院校、科研院所、科技组织等行业人才合作,发挥人才作用。

存在资金投入不足的情况。农业技术推广的创新工作开展与实施需要资金的支持,龙头企业在这方面投入的多少直接影响着企业的规模、受众与技术先进程度。

龙头企业与农户的信任合作关系会影响农业技术推广工作的进度。外来人进入农村社会,一开始较难得到村民的信任,尤其是涉及与农民利益有关的人员或企业。所以龙头企业需要花费一定的时间和精力与农民建立好关系，了解农户的真实情况与切实需求，才能更好地开展农业技术推广服务。

（三）农业产业化龙头企业开展农业技术推广工作的外界机遇分析

农业技术推广需求服务呈现多样化。龙头企业作为农业技术推广的重要主体，逐渐受到了新型农业经营主体的认同。随着现代农业步伐的加快，新型农民越来越明白技术的重要性。他们往往需要的是能够为其带来效益的好技术，而龙头企业在农技推广方面有其独有的优势，它们有技术、有服务、有能力为受体进行有偿服务，而这种有偿服务也正在被广泛认同。

农业现代化的社会化服务体系的建立。我国现代化的新型农业经营主体主要包括：家庭农场或者是种养殖大户、农民合作社和涉农类企业等。将这几个主体有机地结合在一起，以社会化服务体系为依托，合作类经济组织机构为基础，龙头企业为核心，其他社会力量为重要补充。公益性服务与经营性服务相互补充，专业化服务和综合性服务相协调的社会化服务体系的构建也是涉农龙头企业进行经营性农技推广的重大机遇。

国家政策支持。我国政府高度重视农业技术推广，建立了国家、省、市、县、乡等各级农业技术推广机构，形成了公办的农业技术推广服务体系。随着农业产业化的加快，国家在农业技术方面的投入也得到了增加，对于农业企业在农业技术推广工作方面也有扶助。如：在2014年3月《国务院办公厅关于落实中共中央国务院关于全面深化农村改革加快推进农业现代化若干意见有关政策措施分工的通知》"建立以企业为主体的育种创新体系，推进种业人才、资源、技术向涉农企业流动，做大做强培育、繁殖、推广一体化的种子企业"，由农业部门、科技部以及教育部门、发展改革委员会、财政部等部门负责落实。这个通知的下发给予了部分涉农企业政策保护和重要的资金支持，促进了涉农企业农业技术推广的进一步实施。

在《对十三届全国人大三次会议第 2194 号建议的答复》中,农业农村部提到农业农村部连同有关部门,强化政策引导,支持龙头企业引进人才、技术创新。主要有以下三个举措:

一是搭建科企对接平台。依托部分龙头企业在全国设立 179 个企业综合试验站,支持开展技术研发及展示示范,提升企业的科研创新活力。50 个产业技术体系与龙头企业深度对接,为企业提供技术服务,推动科技成果转化落地。举办全国农产品加工业科企对接活动,引导地方依托特色主导产业开展各类科企对接活动。引导 200 多家农业高科技企业入驻南京、太谷、成都、广州等 4 个国家现代农业科技创新中心。鼓励龙头企业牵头组建农业产业科技创新联盟,目前已成立的 80 余家联盟中有 22 家为企业牵头组建。疫情期间,农业农村部组织全国大专院校、科研院所,通过"乡产天下"公众号和快手短视频平台举办"乡产云课堂"直播公益讲座,累计观看人数超 3000 万人次,为科研院所技术成果向农业企业推广转化提供了新途径。

二是支持企业参与科研项目建设。农业农村部依托龙头企业建设综合性重点实验室 1 个、专业性区域性重点实验室 74 个,涉及育种、农产品加工、现代农业装备、信息化等 26 个学科群,提升企业自主创新能力,促进产学研深度融合。

三是鼓励企业引进科技人才。2020 年农业农村部印发的《全国乡村产业发展规划(2020－2025 年)》(农产发〔2020〕4 号)提出,支持科技人员以科技成果入股农业企业,建立健全科研人员校企、院企共建双聘机制。鼓励各地根据乡村产业发展需要,完善住房、户口、社保等人才引进政策。

支持农业产业化龙头企业开展农业技术推广工作的国家政策（部分）	政策内容
《全国乡村产业发展规划（2020－2025年）》（农产发〔2020〕4号）	支持科技人员以科技成果入股农业企业，建立健全科研人员校企、院企共建双聘机制。鼓励各地根据乡村产业发展需要，完善住房、户口、社保等人才引进政策。
国务院关于支持农业产业化龙头企业发展的意见（2021年3月6日）	加强技术推广应用。健全农业技术市场，建立多元化的农业科技成果转化机制，为龙头企业搭建技术转让和推广应用平台。农业技术推广机构要积极为龙头企业开展技术服务，引导龙头企业为农民开展技术指导、技术培训等服务。各类农业技术推广项目要将龙头企业作为重要的实施主体。

对于农业技术推广较为出色的人员和单位，国家和各省市都会制定一些激励机制。如广东省制定了《广东省农业技术推广奖励试行办法》《广东省农业技术推广奖励试行办法实施细则》，广东省农业技术推广奖以提高农业科技工作者的素质、强化农业科技社会化服务体系的功能、加快先进适用农业技术成果的推广和应用为目的，推动农业高质量发展，加快实现农业农村现代化。

内容拓展：《广东省农业技术推广奖励试行办法实施细则》的部分内容

广东省农业技术推广奖的奖励对象：奖励广东省在农业技术推广一线做出重要贡献的农业科技人员和单位，鼓励涉农高校、科研院所联合基层单位和人员（非中央、省财政供给单位和人员，国有农林场、国家级自然保护区管理局、省级自然保护区管理处及其工作人员等视为基层单位和人员)共同开展科技创新及成果应用推广。

奖励范围:奖励种植业、畜牧业、渔业、农机、林业、水利、气象等行业科研成果和实用技术在农业领域的推广应用。

奖励标准:按照成果或技术的先进性及推广难度、推广规模、推广模式、经济效益、社会效益、生态效益等指标,结合本省农业技术推广工作实际情况制定评定标准如下:

1.主要技术经济指标居国内领先水平或先进行列,其主要技术(性能、性状、工艺等)参数、经济(投入产出比、性能价格比、成本、规模、效益等)指标取得特别重大进步;技术集成创新与转化能力很强,技术普及率高;推广方法与机制有重大创新;推广范围广,经济效益、社会效益和生态效益巨大,可以评为一等奖。

2.主要技术经济指标居省内领先水平或先进行列,其主要技术(性能、性状、工艺等)参数、经济(投入产出比、性能价格比、成本、规模、效益等)指标取得重大进步;技术集成创新与转化能力强,技术普及率较高;推广方法与机制有较大创新;推广范围较广,经济效益、社会效益和生态效益重大,可以评为二等奖。

3.主要技术经济指标居省内先进行列,其主要技术(性能、性状、工艺等)参数、经济(投入产出比、性能价格比、成本、规模、效益等)指标取得显著进步;技术集成创新与转化能力较强,技术普及率明显;推广方法与机制有一定创新;在市县范围内有较大推广面积,经济效益、社会效益和生态效益较大,可以评为三等奖。

资料来源:关于印发《广东省农业技术推广奖励试行办法实施细则》的通知(粤农推奖〔2020〕1号)

(四)农业产业化龙头企业开展农业技术推广工作的外部威胁分析

龙头企业市场预测能力参差不齐。龙头企业要有市场预测能力,这就要求企业有敏锐的市场嗅觉、预见性以及面对风险的抗压能力。以市场需求为导向是企业繁荣的关键,创新是企业发展的动力,以市场需求作为衡量创新实用性的标准,才能够使企业拥有竞争优势,实现企业经济效益的增加。没有需求的新技术毫无用处,甚至会拖累企业的长远发展。只有以市场需求为指南,以受体为基准,对企业的技术、管理、体制等方方面面进行完善与创新,挖掘农业推广市场现有的、潜在的需求,预测威胁、预测需求才能确保企业立于不败之地。

农业技术推广相关法律法规的不健全影响龙头企业开展农业技术推广服务。没有法律这个保护伞,龙头企业的自主研发将成为悲剧,非法仿制将使企业的自主研制血本无归,这一方面打击了企业进行新技术开发的积极性,另一方面严重阻碍了新技术的产生与推广。法律法规的日益完善,不仅能够保障市场经济活动的有法可循,还将推动和助力经济的繁荣。发展无终点,立法无穷尽。只有将现代法治与市场繁荣发展深度融合共进,才能够促进文明的进步和实现企业与农户共赢。

农业技术推广主体呈现多样性,对龙头企业存在潜在的威胁。目前影响最大的农业推广主体主要有5大类型,即行政型、科研型、教育型、自助型和企业型。行政型农业推广组织是指以政府设置的农业推广机构为主的推广组织,教育型农业推广组织是以农业高等院校和农业中等职业学校设置的推广机构为主的组织,包括从事教育的研究部门以及从事农业科研的研究所、研究中心和实验室;科研型农业推广组织是指科研机构设置的农业推广组织,推广对象以农民和涉农企业为主,包括各省市农业科学院(所)和各级各类专业研究院(所)设置的推广部门。自助型农业推广组织是以会员合作行动为基础形成的组织机构,如农民形成的农业合作组织;企业型农业推广组织是以企业设置的农业推广机构为主,大都以公司形式出现。这些推广主体既是龙头企业进行农技推广的帮手,又在无形中构成一种"威胁"。

第三节　农业产业化龙头企业开展农业技术推广的现状

一、农业产业化龙头企业开展农业技术推广的基本情况

农业技术推广意识与能力不断增强。随着农业市场激烈竞争,农业科技的创新应用成为企业发展的核心竞争力,越来越多的龙头企业注重农业技术的推广,以获得更多的消费者市场,扩大企业发展空间。主要体现在以下几个方面:

一是资金投入方面,很多龙头企业采取自主创新或者引用先进实用技术来激活企业产业化经营的活力,或是注重高素质农业技术推广人才的引入,发挥人才作用,推动企业发展,或者购买推广服务设备,为农业推广稳步发展夯实推广服务基础。

二是农业技术推广部门的设立,龙头企业通过引入博士、博士后或者院士等高端人才,使其加盟企业的农业技术推广部门,提升推广能力。

三是多重视多方合作。龙头企业是农业技术推广体系的重要组成部分,龙头企业与政府农业部门、农业大学、科研院所、各类农业中介组织等的沟通合作不断增强,汲取不同主体的优势,发挥企业的更大力量。截至 2020 年 9 月,龙头企业引领各类农业产业化组织辐射带动 1.25 亿小农户,户均年增收 3500 多元。

推广带动能力成效明显。近年来,龙头企业将工业化标准理念和服务业人本理念导入农业,开展种养加、产加销一体化经营,打造优势特色产业生态圈。截至 2020 年 9 月,中央财政累计投入 230 多亿元资金,共建设优势特色产业集群 50 个、现代农业产业园 138 个、农业产业强镇(乡)811 个、"一村一品"示范村镇 2851 个。这其中有约 9 万家县级以上龙头企业的功劳,也离不开龙头企业在农业技术推广方面的服务。

形成多样化的农业技术推广工作模式。高启杰按照推广服务的供

给方式,将龙头企业推广农业技术服务的工作模式分为以下三种:

以企业为载体,通过技术创新或购买科研成果进行开发,同时提供科技产品和科技服务为主要经营形式的"技+物"结合型经营形式。这类企业往往通过与高校或科研院所合作或集科研、开发、生产、销售为一体,获得技术或提供服务。这种服务更多地倾向于售后服务,对农业生产的全程服务重视不够。这些企业的共同特点是通过自主科技创新或引进或购买农业科技成果进行开发,以提供科技产品和科技服务为企业的主要经营方式,有些科技产品或科技服务具有公共物品属性,大都通过成本补偿的方式获取利润;这种成本补偿有的来自政府政策或项目的支持,也有的则通过向受益者出售技术产品或收取技术咨询费用等方式形成利润。有些科技产品或科技服务具有私人物品属性,则通过市场交易的方式获取利润。

"公司+农户"型的一体化服务模式。公司通过契约或股份等形式与农户联系起来,使农户成为企业产业链中的重要环节,为其提供廉价的生产原料,并通过各种培训方式将技术传给农户,农户根据生产需要进行规模生产,公司统一销售。这种模式的优点在于,企业实力雄厚,抗风险能力要强于农户,将有利于一些大型技术的推广与应用,从而有效地解决小农户与大市场的矛盾。

基层农技推广服务部门组建的农副产品销售公司,通过股份合作制等组织形式,实行技术经营一体化服务。农机部门与农户通过契约的方式建立产前、产中、产后的一条龙服务,技术销售一体化,并包产量、价格和销售,从而使农技服务部门从技术主体走向技术和市场双重主体,由农技服务部门牵头组建农产品销售公司,建立一种新的制度安排方式,使以往农技服务部门与农民之间由单纯的技术和技术产品的买卖关系转变为公司内的契约关系,形成利益共同体,共同走进市场,共享利润,共担风险。

此外,还有人提出其他的模式,如企业和农业科研机构合作,进行科学研究,实现产、学、研以及培训相结合的"企业+科研院校+农户"相结合的模式;与政府、银行合作,由政府提供项目与企业进行联系,银行提供资金,企业再与农民签订标准化合约进行生产这样的"政府＋银行＋企业＋农户"的模式;集研究、推广、生产、销售等为一体的大型农业企业,即以大型工商企业为龙头,通过股份合作制等形式,吸纳农村专业组织、中小型企业和教育研究单位加入,所形成的大型农业集团公司,这样的龙头企业在自身利益的驱动下,合理配置所拥有的技术、人才和资金,寻求科技资源,并使其得以高效配置,使农业技术发挥作用的同时推进企业高效运转。

二、影响农业产业化龙头企业农业技术推广服务成效的重要因素

李东、卢小磊等人借鉴美国企业顾客满意度(ACSI)理论,构建了农业产业化龙头企业农技推广活动的农户满意度评价模型,其中包含六个二级指标,十七个三级指标,农户预期这项二级指标包含技术质量预期、服务预期、满足自身需求预期三个三级指标,技术服务质量这项二级指标包含技术先进性、技术适用性、服务专业性、服务全面性与满足自身需求程度五个三级指标,感知价值这项二级指标包括投入成本降低、经营收益提高、自身技术水平提高、自身经营管理水平提高四个三级指标,农户满意度这项二级指标细化为总体满意度及与期望相比满意度两个三级指标,农户抱怨这项二级指标下只有农户抱怨度一个三级指标,农户未来行为这项二级指标下有继续合作经营的可能性与推荐他人参与可能性两个三级指标。在该模型的构建基础上,李东等人通过对河北省三个典型代表产业化龙头企业的模糊测评得出,价值感知对龙头企业农技服务活动的农户满意度影响较大,这说明农户与企业合作,采用企业推广新技术的满意度与否,最主要一点是企业是否能够给农户带来生产投入上的降低,并最终提高其生产收益,这很符合我国小农经营的求富心理。技术服务质量排在价值感知后一位,这说明技术服务质量也是农户选择采用企业推广服务的重要因素。

除上述提及的农户对农技服务活动的价值感知和技术服务质量外，还有其他影响龙头企业农业技术推广成效的因素：

龙头企业技术知识转移意愿和转移能力对龙头企业与农户间技术知识转移绩效存在正向影响。龙头企业技术知识转移意愿越强、技术知识转移能力越强，龙头企业与农户间技术知识转移绩效越好。要提高农业企业与农户之间的技术知识转移绩效，可以通过多种方式和渠道增强农业企业技术知识转移能力。例如，选择长于沟通、具有良好表达能力、性格温和、有耐心的农业技术推广人员，加强对企业技术推广人员交流传授技巧的培训，增强技术转移能力，从而提高农业龙头企业与农户间技术知识转移绩效。

农户学习意愿和学习能力对龙头企业与农户间技术知识转移绩效存在正向影响。农户学习意愿越强和能力越强，农业龙头企业与农户间技术知识转移绩效越好。要提高农业企业与农户之间的技术知识转移绩效，可以通过多种方式增强农户的学习意愿和学习能力。例如，选择年轻、文化程度较高的农户，通过树立典范激励农户上进心，同时利用奖励机制促进其主动学习。此外，通过各种渠道加强培训，提高农户的知识水平和受教育程度，可以增强农户的学习能力以及对技术知识的吸收能力，提高农业龙头企业与农户间技术知识转移绩效。

三、农业产业化龙头企业提高农业技术推广服务效益的有效举措

在新时代的大背景下，农业产业化龙头企业应主动基于自身的内外优势，理性面对农业技术推广体的外部机遇与挑战，分析影响农业技术推广的多元因素，创新性推出提高农业技术推广服务效益的新举措，助推企业发展更上一层楼。

坚定"服务农户就是服务企业"的理念。企业以追逐自身利益为准则，其发展的主要目标有时与服务农民相悖，服务意识不强，可能导致农技推广服务不能满足农民的要求，这严重影响着农户对企业及其所提供

服务的信任,不利于长期的利益互动。龙头企业作为农业行业的领头羊,要以长远利益发展为着眼点,将农户这一伙伴纳入到企业发展战略的布局中,调动双方的优势去做更有价值的农业工作,从而达到"1+1>2"的利益效益。

切中双方利益结合点,建立紧密利益联结机制,实现利益共享、风险共担。龙头企业与农户之间利益联结是多样化的,有"企业+农户""企业+试验示范基地+农户""企业+农民组织+农户"等,但无论采取哪种联结方式,都不能以单个个体的利益为主,而应洞悉双方利益,切中结合点,并加强双方合作约束力,防止合作合同形式化或者产生风险转嫁等使农户利益受损、双方关系僵化等现象的出现,使利益共同体徒有虚名。在建立紧密的利益联结机制方面,龙头企业可以采取订单式生产,发挥农户擅长种植、养殖等优势,并给农户提供所需的农业技术服务,用技术将双方紧密联结起来,切实发挥龙头企业的"龙头"带领作用。龙头企业还可以协助农户成立农民合作社,通过合作社这一重要纽带载体协调企业与更多农户之间的利益联结和农业技术推广服务,使更多的农户能在企业的协同下得到更好的发展。

多元农业技术推广主体合作,使服务走得更远。龙头企业作为多元农业技术推广体系的重要组成部分,可以独自发挥力量,也可以联合其他主体发挥各自优势,将农业技术推广服务做得更好。在多元主体的参与合作下,龙头企业可以制定出更有利于农户的利润分配及农业技术推广服务,使农户更能从农业技术高质量发展过程中获利。

利用互联网技术创新开展农业技术推广服务。互联网+为农业技术推广注入了无限的活力,带来了很多的机遇。利用手机 App、自媒体、短视频、大数据、智能系统等多元化宣传推广手段,能使农户尽快地反馈需求、接受服务供给。让农业技术推广搭上信息化高速发展的便车,让互联网成为农业发展的助力器。

第四节 农业产业化龙头企业开展农业技术推广的工作创新案例

案例1：河北省石家庄市市级农业产业化龙头企业——河北大地种业有限公司

河北大地种业有限公司成立于 2001 年，是由石家庄市农科院牵头创办的以农作物种子科研、生产、加工、销售、技术服务为主营业务，集农作物种子育、繁、推一体化的综合性股份制企业，2004 年被评为市级重点龙头企业。目前，公司围绕小麦种业发展耕、种、管、收全程社会化服务产业，逐步向规模化、现代化、集团化种企发展。

公司下设科研部、生产部、营销中心、办公室、质管部、财务部等职能部门，建立了完善的股份制现代企业制度。以创新发展为主题，秉承"服务农民，贡献农业"的经营宗旨，坚持"以市场为导向、以科技为基础、以诚信树形象、以质量求生存、以管理促发展"的经营理念，发扬"创新、卓越、诚信、合作"的企业精神，与时俱进，改革创新，全面加强企业制度建设、基础设施建设和员工队伍建设，逐步实现了企业的经营战略目标，快速发展成为具有旺盛生命力的市场主体。

公司已建立起完善的新品种选育推广示范体系、种子生产管理体系、种子质量监控体系、市场营销网络体系、种子加工储运体系及售后服务体系。公司注册有"石农"牌商标，享有自己的知识产权，"石农"牌小麦种子被河北省技术监督局评为河北省名牌产品。累计推广农作物良种 5.8 亿斤，推广新品种 20 多个，推广面积超过 3500 多万亩。

企业强劲的农业技术推广服务综合体现在研发的软硬件双层面及

其创新实施的"4C 农资连锁"推广模式。

在硬件方面,公司拥有辛集马兰农场、三亚南滨农场 2 个研发基地,还有其他六个稳固的良繁基地,共 8 万亩。其中,马兰农场有固定实验室 2500 平方米,简易挂藏室 300 平方米、考种室 500 平方米,科研硬件实力雄厚。为确保种子质量,公司引进先进齐全的质量检验设备,能够批量检测种子发芽率、纯度、生活力及抗虫性,保证送达农民手中的每一粒种子质量最优。

在软件方面,公司成立了大地农业科学研究院和马兰院士工作站,签约了中国工程院赵振东院士为顾问,与十几家科研单位建立了稳固的科研合作。公司建立起一支由河北省小麦首席郭进考研究员为首的顶级研发团队,引进一批高素质科研人才,专门从事新品种、新技术的研发工作,先后育成小麦品种石农 086、石农 952、石农 956、石农 958,玉米品种大地 916、大地 2 号、大地 3 号等。

该公司还创新"4C 农资连锁"推广模式,通过统一管理、统一推广模式、统一标识、统一配供农资、统一配备硬件设施,开展科技推广和技术咨询服务。形成"4C"农资连锁推广总部—"4C"农资连锁旗舰店—"4C"农资连锁加盟店—科技示范村的新型农业技术推广体系,为广大农户提供农业科技信息平台、农资产品平台、技术服务专家平台为一体的综合科技推广大平台,使农技推广实现互联网化,农资经营实现标准化、品牌化。目前 4C 农资连锁已发展加盟店 540 多家,品牌化网络经营已初见成效。

"4C"农资连锁推广总部

系统管理。总部负责体系整体运营,包括运营策划、人力资源、品牌管理、产品供应、质量检测、员工培训、风险控制、规章制度、目标任务、预算管理和监督执行。专家平台负责聘请农业专家组建专家服务平台,提供在线视频技术服务。搜集整理三大作物新品种、栽培技术、病虫防治等技术资料,制作成文字、广播、视频资料,便于系统查询服务。产品采购。总部负责农资产品进入的确定、采购、检验,确保连锁经营产品的手续合法、质量安全。物流结算。总部设计整个体系物流及资金流程序,监督相关制度政策的执行情况,及时矫正或解决运营中发生的问题。培训参观。总部定期组织体系人员进行参观学习或培训,不断提高人员的整体业务技能。

"4C"农资连锁旗舰店

每县(市)开设 1 家"4C"农资连锁旗舰店,负责辖区内"4C"农资连锁加盟店的农资配送及调剂;指导加盟店的工作,反馈加盟店的信息;协助"4C"农资连锁推广总部组织开展各项培训、参观、宣传工作。

"4C"农资连锁加盟店

每乡(镇)开设 1 家"4C"农资连锁加盟店,按合同约定的事项开展工作,在其周边发展 5～10 个环境较好的村庄作为科技示范村,落实科技示范村项目,选拔 2～3 名村级农技推广员及科技示范户,参加总部举办的相关活动。在搞好农资推广的同时做好技术服务。

科技示范村

每级"4C"农资连锁加盟店发展的农技推广员及科技示范户是科技示范村的科技带头人,按商定的科技示范内容、方式和规模搞好科技示范,接受各级"4C"农资连锁部门的管理和指导,及时反馈工作中出现的问题,参加技术培训活动,积极参与和配合"4C"农资连锁加盟店的农资销售、技术服务和信息搜集等工作。

案例 2:湖北省省级农业产业化龙头企业——孝感市伟业春晖米业公司

孝感市伟业春晖米业公司是一家省级农业产业化经营重点龙头企业,采取"龙头企业＋专业合作社＋基地＋农民"的经营发展模式,通过成立湖北春晖农科院,在当地相继与农民共同组建了湖北春晖香稻专业合作社、湖北举帆糯稻专业合作社和湖北春晖农机专业合作社,形成了一端是企业化的科研机构和农业产业化龙头企业,另一端是农业生产者,以"契约"为纽带,形成利益共享、风险共担的经济共同体。

机械化生产促进农民企业双受益。该公司通过土地流转方式获取土地,集中生产优质香稻和糯稻。在经营管理上,采取重大经营决策、资产发包和合同化管理,并依托农科院进行配套管理。在利益分配上,采用"B(保底租金)+X(盈余分红)"的模式,村民成为股民,农民变成农工。春晖农机专业合作社添置各类大小农机具 120 余台(套),除能承担万亩香稻全程机械化作业外,还能向外辐射农机社会化,服务于华中、华南、华北地区。一是提高了农业耕种效率,保证了农产品的产量和质量;二是增加了当地农民的收入,释放了大量劳动力从事其他行业;三是调整和优化了产业结构,提高效益,壮大产业规模,真正实现了企业增效、农民增收的良好局面,切实为农村经济发展做出贡献。

发挥地方优势,提高劳动生产率和技术转化率。湖北春晖农科院通过上联湖北工程学院、孝感市农业局,下联千家万户的方式架起了科研与生产之间的桥梁。一是能够获得稳定可靠的技术、经济、信息来源,指导合理化生产;二是通过农技推广人员开展技术服务,体现人才优势,加快科技成果转化;三是迅速向科研部门反馈农民在生产实践中遇到的技术难题,促进新技术的研究和应用。农户在生产实践中既是技术的推广者,又是技术推广的受益者。不仅企业发挥了技术推广的示范作用,而且农户在追求自身利益的同时也发挥了技术参与与推动作用,其结果是提高了劳动生产和技术推广的效率。

促进专业化、品牌化生产,推动农业产业化进程。公司通过建立健全生产、加工标准体系,购置国内外先进检测设备和仪器,加强"湖北春晖农副产品质量检测中心"建设,狠抓产品质量管理,发挥品牌优势,提高产品市场竞争力。生产的品牌农产品"黄香"牌糯米获得"第九届中国国际农产品交易会金奖";"孝丰"牌大米先后获得第九届中国农产品交易博览会金奖、"新中国 60 年湖北十大绿色食品品牌"和第十二届湖北粮油精品展示交易会金奖。公司通过产前、产中、产后的系列化服务,实现各生产经营环节的联合以及经营主体的联合,促进农业生产的产、加、销一体化经营。

加快农业科学技术推广,完善农业社会化服务体系。公司在实际运用企业型农业推广组织进行农业推广过程中通过成立专业合作社,使企业的科技成果与农民共享,企业与农民直接形成对话,为提高服务水平和实现经济效益转化提供了平台。

公司大量采用农机化技术,保护生态环境。同时,目前正在规划建设大型农作物秸秆沼气池和生物质变发电项目,大力发展循环农业。公司投资逾200万元,一次性购回太阳能灭虫灯400盏,配合"稻田养鸭"模式,减少水稻生产喷药次数。特别是通过使用植保无人机统防统治,节省农药50%以上。同时,大力推行农作物秸秆粉碎还田,增加土壤有机质,减少化肥施用量,建设高质量无公害绿色生产基地,提高粮食品质。

小结:孝感市伟业春晖米业公司通过以企业带动当地农民,实现了种养加、产供销、贸工农一体化经营,实现了产业化生产、经营为一体的现代集成农业,实现了农民增收、企业增效和农村的可持续发展。

案例3:辽宁省沈阳市万盈农业科技有限公司

辽宁万盈农业科技有限公司作为一家农业产业化高新技术企业,也是沈阳市农业产业化龙头企业,构建了"平台—县域子公司—乡镇服务中心—服务顾问"四级服务网络,以先进适用的农业技术集成创新与应用推广为支撑,利用自主开发技术集成平台,探索形成了一套玉米生产全程托管的"万盈标准"模式,为东北地区小农户、农民合作社、家庭农场等提供专业化、标准化、集成化的玉米生产性服务。辽宁万盈农业科技有限公司(以下简称万盈农业)成立于2013年,通过研发和集成先进适用的玉米种植技术,致力于为小农户、农民合作社、家庭农场、农业服务组织提供高性价比的农业社会化服务。成立7年来,公司现已成为下辖

15家子公司的东北地区最大的玉米生产社会化服务公司。全程托管面积从2013年的800亩增长到2019年的12.7万亩。

一、搭建司机运营网络，深入田间地头

为提高全程托管服务的质量与效率，万盈农业搭建了"平台—县域子公司—乡镇服务中心—服务顾问"运营模式，建成了四级服务网络。

第一级是辽宁万盈科技有限公司。设立技术中心、数据中心、财务中心、客户服务中心、人力资源中心，为公司进行全程托管提供技术方案、投入品供应、后台管理和培训支持等。万盈农业通过整合资源，集中采购，统一将投入品发放至各县域子公司，确保质量稳定可靠。

第二级是县域子公司。万盈农业在适合玉米机械化作业的地区按县（市、区）成立县域子公司，具体管理所属区域的全程托管业务。县域子公司通过采用万盈农业平台所提供的投入品和指定的全程技术方案，在所属县域开展农业生产托管服务。

第三级是乡镇服务中心。县域子公司以乡镇为中心，依托农民合作社等新型农业经营主体建立若干服务中心，作为公司服务广大客户的基层平台。县域子公司通过与乡镇服务中心合作，分片区开展生产托管服务。

第四级是服务顾问。服务顾问是万盈农业实施全程托管服务的"末梢神经"，一般由当地"乡村精英"担任，作为万盈农业在当地的业务联系人和"服务员"，直接与服务对象进行对接。万盈农业给予服务顾问有关合同解读、农业技术、操作规程等方面的培训，由服务顾问代表万盈农业与客户签订《种植服务合同》，并提供全程对接服务。客户与万盈农业签订合同时，会得到相应托管地块的二维码，客户可随时通过扫描二维码了解托管服务的进程及详情。同时，万盈农业还通过在不同区域建立试验示范田，组织召开播种、苗期、除草、植保、测产等现场会活动，让农户亲眼见证托管地块的播种方式、出苗率、田间管理、产量指标等，用事实证明万盈全程托管是真正的"省心高产"。

二、构建集成技术平台，实现服务专业化规范化

万盈农业沿黄金玉米带，从黑龙江到辽宁建立了 20 个试验点，研究不同地区的玉米生产良种良法、农机农艺的最优组合模式。2017 年，建成独有的技术集成平台，提供从选种、播种、田间管理到收获等全过程的技术指导。一是通过加强与科研院所、大型农资企业合作，建立起作物健康管理整体解决方案。根据试验筛选和农业绿色生产要求，用部分生物肥料代替化学肥料，通过引进新型设备，使用集成技术，开展秸秆还田处理，实现变废为宝，促进土壤修复和地力培肥。二是通过对农药严格筛选，选择微毒、低残留、环境友好的产品，实现统一施药、过程可管、用量可查，降低了种植风险、控制了农药用量、保护了环境。三是建立了一套完整的玉米生产技术规程，以 13 项增产技术为核心，形成独具特色的高科技玉米生产方案，建立了一套"万盈标准"全程生产托管模式，实现包括产地环境、品种、栽培技术、田间管理、收获等方面的全要素控制。

三、开发管理系统，实现服务信息化

为提升托管服务平台的规范化、信息化、标准化、数字化，万盈农业自主开发了"万盈信息管理系统"。该系统以互联网为载体，涵盖了服务主体、服务流程、服务作业情况的所有信息，依托信息通信技术，实现了让服务对象实时掌握资金流、物资流、信息流、参与人员四位一体的配备情况，精准管控托管服务全过程，做到服务数据实时生成、监管人员随时可查、作业过程可追溯，实现农户不出门就能监督全程托管情况，消除了农户的后顾之忧。此外，服务信息化在提高服务效率的同时，还降低了公司大面积分散作业带来的管理成本，实现了公司与农户的双赢。

第四章　农民专业合作社经营与农业技术推广

第一节　农民专业合作社与农业技术推广的关系

一、农民专业合作社

农民专业合作社,是指在农村家庭承包经营基础上,农产品的生产经营者或者农业生产经营服务的提供者、利用者,自愿联合、民主管理的互助性经济组织。

农民专业合作社以其成员为主要服务对象,开展以下一种或者多种业务:农业生产资料的购买、使用;农产品的生产、销售、加工、运输、贮藏及其他相关服务;农村民间工艺及制品、休闲农业和乡村旅游资源的开发经营等;与农业生产经营有关的技术、信息、设施建设运营等服务。

近些年,我国农民专业合作社呈飞速发展态势,根据相关数据研究显示,在 2017 年年底我国注册登记的合作社数量超过 201.7 万家,占全部市场主体的 2.1%,平均每一行政村具有 34 个合作社。并且大约有一半的农户通过合作社进行培训和服务。因此,农民专业合作社是我国社会服务体系的重要组成部分,也是推动农业发展的有效措施。

二、农民专业合作社与农业技术推广的关系

农民专业合作社稳固发展是提高社员收入的根本保证,作为农业技

术推广应用的理想载体。农民专业合作社可以利用自身优势,通过广泛应用农业技术打破发展瓶颈,实现创新发展。

(一)农业技术应用促进农民专业合作社发展

农业技术与农民专业合作社的结合,不但会引发农业技术效率改进,而且能促进生产效率的改进,在提升合作社品牌价值、提高农民专业合作社运营效率方面也具有促进作用。

1.农业技术应用促进技术效率和生产效率改进

农民专业合作社社员众多,新的农业生产技术容易模仿学习,当合作社通过与外部合作,将品种及其生产管理技术确定后,合作社作为统一组织,很容易通过技术管理和内部治理,把与外部合作引进的新技术,及通过个别农户在生产管理中运用新技术所积累的经验,甚至是技术改进在合作社内部成员间推广开来,从而产生技术外溢效应。这种外溢效应使得农业技术扩散出现"倍增"状况,促进了农民专业合作社技术效率和生产效率的改进。

2.农业技术应用促进品牌价值形成

目前,多数农民专业合作社属于松散型合作,尤其是在生产环节缺乏统一、严格的生产和管理技术标准,社员种植过程中仅凭自身经验的环境下,当生产中遇到重大问题时,社员们请求合作社出面联系有关部门或专家给予帮助解决,农业技术应用基本上是临时抱佛脚。由于社员技术水平参差不齐,导致农产品质量无法达到统一标准,销售中很自然出现搭便车情况。农产品销售是多次博弈的过程,消费者偶然一次的差评或投诉或退货,使得合作社品牌价值大打折扣,收购商丧失合作兴趣,给合作社带来灭顶之灾。因此,建立统一的生产和管理技术标准,提高社员农业生产技术的应用能力,可以实现农业生产高效、农产品高产优质,进而促进农产品品牌价值形成,提高专业合作社声誉。

3.农业技术应用促进经营利润提升

农民专业合作社存续是合作社发展的首要目标,而持续不断的利润实现是其生存的保障。农业技术应用不仅提升了农产品品质和商品产量,其对合作社直接的经济回报就是农产品价格提升和利润的提高。随着经济发展,城乡居民收入普遍得到提高,消费者消费能力不断加强,消费提质升级势头已锐不可当,当农产品品质得到消费者认可时,物美价高理念便被普遍接受。农业技术应用虽然会产生一定的经济成本,却带来了生产效率,农产品产量和质量提高,进而实现优质优价。较高的农产品价格和商品产量完全可以弥补这些成本,从而使农民专业合作社实现更多利润,为其生存和发展打下坚实的物质基础。

4.农业技术应用促进资源合理配置

组织工作是管理的一项基本职能,为了有效实现共同目标,农民专业合作社根据生产流程的需要设计组织结构、设置工作岗位、配备工作人员,并确定各部门和各岗位的职责与职权,以促进合作社内部实现分工与合作。农民专业合作社是基于现代农业的一种经济合作组织,农业技术的不断引进和应用,可以促进合作社围绕不同技术环节合理设置部门和配置资源,提高合作社运营效率。以蔬菜种植业为例,从品种选择、育苗、定植、田间管理到采收、分级包装、市场营销,每一个环节的生产和管理技术标准、技术措施都与上一个环节息息相关,并直接影响下一个环节的成败。因此,可以设置不同部门分别负责引进、创新、试验、推广现代农业新技术,开展技术培训和对外技术合作,通过各部门的分工与合作确保生产和管理技术标准、技术措施实施到位,使整个生产环节流畅、资源配置合理高效。

综上所述,当农民专业合作社农产品品牌形成、声誉提高、资源得到有效配置时,其在市场竞争中将具有强大优势,不仅能够提高社员的经济收益,还可以在恰当时机实现转型升级。

(二)农民专业合作社是农业技术推广与应用的载体

农业技术应用是农业经济发展的源泉与动力。小农户作为生产单位是有效的,但从事大市场流通和新技术利用与开发,其交易费用和信息成本过高,因而分散农户难以得到农业生产技术及其相关技术上的指导、支持。

农民专业合作社突破了农户分散耕种,实现了规模化、组织化种植,是小农融入现代农业的桥梁,作为联结农民利益的经济组织,其代表社员诉求,能够提高农业技术推广的效率和范围。新技术从应用到扩散,要经过很长的历程。技术扩散是指通过市场或非市场渠道的传播,一项创新的技术或产品被其他组织通过合法手段应用的过程,是技术在空间的传播、渗透和交叉。一项新技术成果只有在农业生产中传播应用后,其价值才能显现出来,尤其是农业技术的应用和推广必须经过试验、示范才能使其先进性、适应性得到验证并被广泛认可。就小农户而言,由于其拥有土地面积的碎片化,以及本身所具有的分散性、自由散漫性、保守性以及眼界的局限性等特征,决定了小农户对于农业技术的接触、体验缺乏强烈意愿和广泛机会。农民专业合作社把分散农户凝聚在一起,具有自发性的、理性的集体力量。农民专业合作社的特征决定了其在促进农业技术扩散及应用方面具有天然优势。

1.有利于提高农业技术推广效率

受制于环境条件,农业技术试验、示范规模的大小不仅直接影响效果的可重复性,更左右着潜在用户对于该项技术的信心。农民专业合作社成员少者五六人,多者百人以上,合作社经营土地成百上千亩。如此的人员规模、土地规模在农业技术的研究、创新、试验、示范、推广等方面具有鲜明的成本优势和效率优势。传统农户细碎化的农业耕作模式增加了农业技术信息传播成本,但合作社的规模优势扩大了传播范围,使技术信息传播不仅快捷,而且受众准确。因此,以农民专业合作社为基地,开展新品种与新技术的试验、示范具有天然的成本优势和效率优势,这对于农业技术的发明者、创新者、拥有者、推广者而言具有很大吸引力。

2.有利于节约农业技术推广成本

农民专业合作社是小农联结大市场的纽带，与其他经营主体相比，其优势在于保持了以社员为最小生产单元的高效率前提下，具备了小农经济所缺乏的组织性。市场经济条件下，农民专业合作社的生产目标始终围绕着市场需求，因涉及众多社员利益，在面对千变万化的市场时，与分散农户相比，农民专业合作社在农业技术培训、技术合作、技术创新等方面的需求更具有针对性、紧迫性。与此同时，科研院所、农资公司在推广新技术、推销新产品时，需要与经济组织实现对接，以节约组织搜寻成本与谈判成本。农民专业合作社属于专业合作经济组织，市场活动中很容易与大企业进行交易对接，在农业技术服务活动中与农技机构、科研院所进行对接。因此，在农业技术推广与应用过程中，农民专业合作社更受企业、科研机构青睐。

3.有利于扩大农业技术推广范围

对于科研院所和农资企业而言，其生命力在于其农业科研成果的推广应用程度与范围，而农业科研成果的推广成本和效率关乎其持续健康发展。根据社会嵌入理论，农民专业合作社是嵌入当地农村社区的经营性组织，一项新技术被某个合作社应用后，其先进性很容易成为合作社内部社员交谈的对象。中国乡村社会的技术信息传播体系是按照熟人社会的信息传播逻辑来实现的，农民专业合作社的构成特点是更容易在差序格局下，将这些技术信息如同水面上泛开涟漪一般，由自己延伸开去。于是，通过熟人社会及互相交织的农村社交网络，某项技术信息很快会成为农村社区本土乡民的交谈话题，快速在农村社区传播开来。从众心理又使得新技术、新品种应用迅速展开，这种低成本、高效率的传播形式是农民专业合作社区别于其他组织和个人的显著特征。

第二节　农民专业合作社农业技术推广现状

农民加入专业合作社的根本动机是获得较高市场收益,农民专业合作社稳固发展是提高社员收入的根本保证。

农业科技培训、推广和创新目的是为了促进农业技术在农业生产实践中的应用,农业科技成果只有被新型农业经营主体接受、消化并应用,进而不断创新,才能转化为现实生产力。

马克思认为小农生产方式是:"就劳动过程是纯粹个人的劳动过程来说,同一劳动者是把后来彼此分离开来的一切职能结合在一起的。"当前我国多数农民专业合作社处于低级发展阶段,大多停留在浅层次牵线购买层面,业务活动开展仅仅体现在部分农资的统一采购,以及在农产品销售出现困难情况下统一联系客商。从某种程度上讲,社员仍属于小农生产方式,农民专业合作社实际上并没有真正将社员有效组织起来,生产过程中社员们很大程度上仍各自为战,合作社内部农业生产和管理技术标准化不足。以蔬菜种植专业合作社为例,许多合作社在市场预测、种植品种选择、茬口安排、种植模式、田间栽培管理技术、采收时机、产品分级包装、产品储运等环节都缺乏统一的技术标准,农民专业合作社的生产效率始终得不到有效提高,农产品缺乏竞争力。合作社社员单家独户经营模式导致技术操作不规范、化肥农药使用不当,农产品标准不统一,农产品难以做到严格的农药残留检测。这不仅严重影响了合作社声誉,农产品品质和安全问题更是难以得到根本保证,竞争力也就无从谈起。

单个农户因自身禀赋差异,对农业技术信息的处理与接受能力不同,导致其生产时所具有的技能存在高低之分。农民专业合作社作为一个经济组织,在技术被广泛应用和推广方面,其行为能力与单个农户相比存在实质性差异。因为农户在社会网络中的行为不同于个体,有组织的农户群体可以推动农业技术应用行为的发生。农民专业合作社是诸多小农户的联合,合作社成员具有更强的积极性参加农业生产技术培训。遵循上述逻辑,农民专业合作社理应有更强的学习能力,有更多的学习机会,通过农业技术应用促进自身完善和发展,然而实践中的合作社发展状况却不乐观。从发展现实状态看,农民专业合作社并没有引致农业现代化的革新和演变,合作社社员的小农户经济性质也没有发生实质性改变,农民专业合作社的生产标准和生产效率没有明显提高,农产品品质更没有得到实质性提升。

合作经济的目的是通过合作力量,对社会资源进行最优配置,把单独分散的生产经营活动组合成水平较高的社会化生产经营活动,从而提高生产效率和竞争力,使其成员的经济利益得到更好实现。因此,农民专业合作社应该充分发挥组织作用,加强农业技术的学习和推广应用,统一经营管理、统一引进新品种、统一组织培训、统一技术标准,使之成为协调一致、行动统一的有序组织。在此基础上创新合作社自身发展模式,提高农业技术水平和经营管理水平,寻求合作新模式,突破发展困境,最终实现合作社创新发展目标。

第三节　农民专业合作社农业技术推广的困境

一、农民专业合作社存在的困境

(一)综合经营实力薄弱

根据相关统计数据显示,2016 年我国农民专业合作社每家的平均数量仅为 25 户。除此之外,农业部数据统计显示能够享受到合作社服务和培训的非成员,每个合作社仅有86户。通过我国农户耕地面积进行计算,合作社服务规模较小,约为两家中等规模的农场,可知合作社的综合经营实力仍然水平较低,广大农户的一些问题并没有得到有效解决。

(二)存在"空壳社""挂牌社"的不良问题

"空壳社"顾名思义,指的是有名无实,虽然具有名称但是并未开展相关业务活动的合作社,导致这一问题出现的主要原因分为下述两点。第一,部分人存在投机心理,并且诱导农民盲目跟从使农户加入。为了得到更多的政府扶助资金,通过对工商不收费条件的利用,注册成立合作社,但是成立后并没有进行任何业务活动。第二,一些基层干部为了通过当地政府设置的考核。一些地区将农民专业合作社的数量放到对工作人员的考核内容中,一些干部为了通过考核,同时也为了得到政府的资金支持,没有积极鼓励和引导农民建立合作社,直接注册一个空壳合作社了事。"挂牌空壳社"指的是表面上为合作社经营,其实是在做投资公司业务,导致其出现的主要原因为一些公司个体户为了获得项目扶持而建立。

(三)发起人和成员之间没有达成共同的利益

在农民专业合作社实际运行的过程中,多数情况下,发起人具有股权投入权、控制权等权利,占据着主要地位,但是普通农民成员对出资、决策以及收益分配缺乏认知,参与度严重不足,与合作社的普通农户群体类似。因此,导致发起人和普通农户用户之间没有建立风险共同体,同时利益也无法共享。根据相关调查研究显示,在进行"谁是重大决策者"调查问卷评估中,结果显示选择理事长以及理事会的比例相加高达65%,而选择成员大会的比例仅有20%。并且在"谁是收益分配方案决策者"的调查中也遇到了相似问题,选择理事长和理事会的占比合计40%,而选择成员大会的比例仅为24%。除此之外,全体成员共同承担风险的比例仅为40%,这也表明多数普通人员均没有共担风险的意识。

（四）缺乏管理和技术型人才

目前合作社的牵头人多为农村专业户，多数为传统农民，文化程度低下，专业知识匮乏，专业管理人才和技术人才相对匮乏。并且一些合作社尚未实施标准化生产，对市场竞争力产生较大影响，不利于合作社的发展。

（五）资金匮乏，缺乏政府的政策支持

目前很多农民专业合作社的资金实力薄弱，规模较小，抗风险水平低下。因为国家扶持政策缺乏突破，金融支持方面存在较多的阻碍，致使农民合作社存在融资困难、发展缓慢的问题。一些合作社发展初期并未制定明确的目标方案，内容不具新意，资金匮乏，导致合作社发展缓慢。但我国一些地区农民专业合作社组织结构松散、组织功能单一，产业融合发展中存在组织协调不够等问题，部分农民专业合作社因经营不当、管理不善、产品销路不畅致使自身发展陷入困境。

二、农民专业合作社作为农业技术供给主体存在的问题

目前，农业技术供给主体主要有政府公益性推广机构、农业企业、民间技术员、社员自身等。农业技术推广机构是公益性推广部门，承担着农业技术推广的任务，市场上众多农业公司为了推销产品、占领市场，也不遗余力地向农户传授技术，以推动产品销售。从推广成本和推广规模角度分析，农民专业合作社是理想的技术推广对象，但在具体的操作中，各供给主体基于自身利益考虑的行为选择，难免会造成资源浪费，阻碍了技术推广的顺利进行。

（一）政府公益性推广机构的技术培训流于形式

理论与实践相结合是农业生产应坚持的基本原则，政府公益性推广机构承担主要的农业技术推广任务，其主要工作就是推广技术、培训农民。理论上讲，培训内容应与农户技术需求相一致，培训时间应在农户最需要的时候进行。然而，作为政府公益性推广机构，当前其所承担的

农业技术培训的考评指标不是以培训效果好坏为导向,而是以上级拨付的培训经费是否用完、培训次数和人数是否达标为准。因此,政府公益性推广机构的农业技术培训部门行动逻辑主要依据上级培训经费完成情况与培训次数,并不在意培训的实质效果。

政府公益性推广机构的农业技术培训涉及众多部门,每个部门为了完成自己的培训任务,随意准备培训内容,随机组织合作社社员学习农业技术。比如,某地区专业合作社主要以种植业为主,但畜牧部门为了完成培训任务,要求基层组织合作社社员学习牛、羊、家禽等的养殖技术,导致合作社社员学习积极性不高,去听课的原因一是为了给基层组织人员面子,二是为了领取几十元的补助费。即使是农业技术培训内容对口,在培训时间上也错配。比如,专业合作社在生产过程的各个环节最需要技术指导的时候,培训人员却不知去向。为了赶在年终报账之前用完培训经费,证明本部门培训工作的完成,各培训部门开始一场又一场的集中培训,而这时因为没有了生产现场,理论与实践无法结合,社员听讲时空洞无味,了无兴趣。更有甚者,为了凑够培训人数,村内的老弱人员也被组织进来凑数。培训部门的这种依据经费使用情况来认定培训次数、培训人数是否达标的行为逻辑,显然偏离了农民专业合作社的本质需求,难以达到培训目的。

(二)农业企业推广农业技术意在形成垄断

农业企业以推广产品为主,主要是农资产品,例如种子、化肥、农药、土壤改良剂、塑料薄膜等,这些农资产品本身就集成了各个学科先进科学技术,是现代科学技术的集中体现。各农业企业为了更好地推广其产品,会利用不限于培训、示范、展示等各种方法向合作社成员介绍产品特征特性、技术要点等信息,并且及时追踪反馈信息以改良生产技术。就农作物品种来说,不同的品种有不同的特征特性,农业行业中有一句话叫"良种配良法",不同的品种由于特征特性的区别,在生产实践中就会采用不同的生产管理技术,以达到理想效果。一旦某个品种田间管理技术简单、抗病性强、抗逆性好,生产成本自然会降低,同时商品产量提高,品质提升,那么合作社就非常愿意与其合作,并发展为长期合作伙伴。而另外一个农业企业要想进入,可能要花费更大的销售成本,社员也可能会增加更改栽培管理技术的成本。因此,农业企业为了推销产品并成为长期合作伙伴,会结合合作社生产实际不遗余力地进行技术改良和培训,并派技术员常驻合作社指导社员生产实践。有的农业企业为了获得竞争优势还承诺收购农产品,比如种业公司、种苗公司为了获得更多销售订单,与合作社签订有生鲜农产品收购订单,为了保证农产品顺利售出,企业派驻的技术员不仅会利用各种场合和时间对合作社成员不间断进行技术培训,还要监控社员技术的掌握情况,实地查看田间农作物生长状况。农业企业的行为逻辑遵从的是利润最大化,先获得竞争优势,逐渐发展为上游产品供应的垄断者。

(三)民间农业技术员成本高、收益小

改革开放以来,伴随农业产业结构的调整,各地区针对区域气候、土壤、资金、人力资源等特点,形成了特色农业产业,例如山东寿光的设施蔬菜产业、浙江建德设施草莓产业的发展等。这些地区由于产业发展较早,当地农民熟练掌握了生产管理技术等一系列技术,而其他地区设施农业发展起步较晚,生产管理技术成了产业发展的短板。例如在陕西地区,反季节蔬菜、草莓等产业发展较晚,开始时种植技术一穷二白。市场经济条件下,需求引导着农民行为,在熟人、亲戚、朋友的介绍下,产业发展较早的地区,拥有技术专长和经验的农民便来到陕西专职做技术指导,毕竟农业面临着自然风险和市场风险,年薪10万元的固定工资对农民技术员来说还是相当有吸引力的。为了自己长久的饭碗,这些农民技术员给陕西当地专业合作社传授技术时还有所保留,比如喷药时,将配好的药让合作社社员直接喷洒,而不告诉社员药名和用药比例,一些关键的技术自己亲自动手而不是指导社员去做,每年的聘请费用无形中增加了社员的生产成本。

（四）合作社社员自我学习积极性高但收效甚微

农业技术的掌握与应用是保证农产品商品产量和质量的关键，关系着农民专业合作社的发展命运。以鲜果种植专业合作社为例，生产经营过程中的一系列技术，如种植技术、授粉技术、疏花疏果技术、植保技术、加工储藏技术等，都要熟练掌握才能保证商品产量和品质。而这些技术的掌握是在反复实践、不断总结经验教训中逐渐掌握的。不同品种对于种植技术有着不同要求，有的品种因为种植技术不过关也会被淘汰，由于农产品对于种植技术的苛刻要求，合作社也会邀请专家不定期讲授种植知识，政府也及时对合作社给予技术方面的指导与支持。但据合作社社员反映，请来的专家教授在讲授农业技术时，多是从理论角度讲解，实践经验较少，加之不同区域土壤条件、气候条件不尽相同，专家不可能给出具体准确答案。以草莓种植为例，大多数专家只知理论，却不知道种植草莓的各种细节，例如专家说要把老弱病残叶子收拾干净，农户不知道收拾到什么程度算干净。又比如草莓苗子高度多高算徒长，专家只能说出来大概，但细节无法指导。讲植保技术时，往往会说什么病害用什么药，但具体病害如何识别却很难做到实地现场教学。社员希望专家在进行技术培训时避免过多理论灌输，更多地进行实践性培训。

第四节　农民专业合作社农业技术推广发展的对策建议

一、加强农民专业合作社的标准化建设

（一）提高对农民专业合作社的监管水平

相关实践经验显示，农民专业合作社的健康稳定发展与政府的监

督、管理息息相关。为了能够进一步提高农民专业合作社的运行水平,首先,需要提高合作社的准入门槛。对于合作社的登记注册等相关工作,需要通过工商部门进行严格的审核检查,以防出现一些违规注册仅为享受资金扶持的情况。其次,政府相关部门需要定期对合作社展开全面的审计和监督工作。不仅需要对合作社的财务情况进行审计,还需要对生产经营、税收减免、资金支持等优惠政策情况进行全面审计。最后,需要建立完善的退出机制。定期对当地合作社进行全面的清理整顿,重点打击"空壳社""挂牌社"等情况,需要注销的应及时进行注销,需要整改的需要及时进行整改。

(二)加强农民专业合作社的制度建设

第一,应结合相关法律法规,并根据当地的具体情况,制定完整详细的合作社实施规章制度,确保制度的权威性、有效性和可靠性。第二,需要提高组织建设水平,确保相关法律法规的有效实施。对于合作社中存在的侵犯农户权益的行为,应予以强烈的抵制和坚决的打击,进一步保证农民专业合作社的规范化、法制化。第三,需要保证利益诉求渠道的通畅。对农户的合理诉求进行及时受理,及时解决出现的问题,保证农户的权益得到强有力的保障。

二、提高农民专业合作社的服务和管理能力

(一)不断延伸服务范围,增强管理能力

当下,因为我国农民专业合作社仍处于起步阶段,一些业务活动过于局限单一,服务范围较小,并且流通类以及服务类合作社占比严重不足。因此,对管理经营者来说,可以借鉴国外先进的经验和做法,不断延伸服务范围,扩展服务领域,为广大农民提供更加优质、高效、全面的服务,除了应用传统技术、信息及销售服务外,还应为农户提供保险、信贷以及教育等方面服务。加强对农民的鼓励和引导,使合作社的类型更加丰富,促进合作社的重组、整合、转型和升级,优化服务质量。在这一过

程中,还需要保证合作社建设的规范性,增强经营管理能力。首先提高服务质量,引导符合条件的合作社建立生产基地,加大品牌建设力度,建立完善的监管机制。其次提高营销水平,帮助农户选择良好目标市场,建立高效营销网络,提高流通率。

(二)加大培训指导,强化人才队伍建设

根据合作社创建行动,按照分类指导、分级负责以及实效性的原则,对工作人员进行分层指导。通过宣传培训和指导提高工作人员的综合能力和服务水平。同时广泛实施面向以理事长为主的管理专业人才的培训,进一步提高合作社的经营管理能力。强化对骨干成员的技术培训,提高技术水平。加大对经管干部为主的基层业务辅导员的培训,提高其业务能力。

三、善于利用资源,与多方建立合作关系

李庆伟、袁安友、牟朴研究认为:"农业技术可以是具体的物品,也可以是蕴含在具体物品中的技术,或非蕴含在具体物品中的一种纯粹的技术。"从经济学角度可以划分为"非相容性使用技术""共享性技术"和"俱乐部技术"三类。非相容性使用技术具有竞争性和排他性,适宜由企业提供。共享性技术具有共享性物品特性,适合由政府提供。俱乐部技术适合由农村专业技术协会或各类农民组织提供。因此,农民专业合作社需要与外部建立合作关系,以快速实现农业技术应用目的。

(一)与外部相关企业建立业务合作关系

农业企业是推进农业科技进步的重要载体,相对合作社、家庭农场等其他新型农业经营主体而言,农业企业研发投入较大,产品科技含量高,竞争能力强。农业企业的技术一般体现在产品中,属于"非相容性使用技术",众多农业企业常年不断向市场推出新品种、新技术,农民专业合作社应建立技术信息部门,除了不断研究、探索适合自身条件的生产管理技术外,还应加大对外合作力度,积极建立与外部农业企业的合作

与交流,利用外部力量不断提高自身技术水平,提高自身经营管理水平,提升自身竞争力,向消费者提供更多、更好的产品,从而扩大市场占有率。

（二）与科研院所、公益性推广机构建立合作关系

农民专业合作社高质量发展需要技术做支撑,为解决合作社科技力量不足问题,合作社应建立与科研院所、公益性推广机构的合作关系。

2015 年"一号文件"提出"健全农业科技创新激励机制,完善科研院所、高校科研人员与企业人才流动和兼职制度,推进科研成果使用、处置、收益管理和科技人员股权激励改革试点,激发科技人员创新创业的积极性"。2018 年"一号文件"提出"探索公益性和经营性农技推广融合发展机制,允许农技人员通过提供增值服务合理取酬"。

根据上述文件精神,农民专业合作社可以走产学研相结合发展模式,寻求与科研院所、高校的紧密合作,合作模式可以是技术受让、技术开发、建立农业综合服务示范基地,或者共同创办经济实体等,在合作中获得最新技术信息、掌握最新农业技术。

农业技术大多属于"共享性技术",这就需要政府公益性推广机构承担主要农业技术推广任务。我国建立的科技特派员制度为农村基层解决了许多科技问题。在经营中,许多科技特派员在解决技术问题的同时,在经营中也提出许多有益见解,然而其提供的增值服务却没有得到合理补偿,因此农民专业合作社应该将那些能力强的科技人员吸收为社员,甚至鼓励他们领办合作社,与其建立更紧密的利益联结机制,成为"风险共担、利益共享"的共同体,激发科技特派员创新创业热情,从而促进合作社社员科技素质提升、经营能力提升,使合作社焕发出勃勃生机。

（三）加入相关农村专业技术协会

熟练掌握农业技术需要经过艰苦的理论学习和长期的经验积累,虽然农业技术具有一定外溢效应,但模仿者不可能十分精通,从经济学角度讲,模仿者想获得这些技术,需要付费获取或者加入"俱乐部",获得

"俱乐部技术"。2016年"一号文件"指出强化现代农业科技创新推广体系建设,要发挥农村专业技术协会的作用。农村专业技术协会由很多农民科技示范户和农村能人组成,可以提供相应"俱乐部技术",因此农民专业合作社在组织社员自我学习探讨农业技术之外,还应积极加入相关专业技术协会,学习借鉴他人的技术和经验,同时向协会分享自己掌握的技术,在降低市场交易成本的同时实现帕累托最优。

第五节 农民专业合作社农业技术推广的工作创新案例

案例1:技术应用推进农民专业合作社创新发展的实践考察

农民专业合作社的规模性、组织性、社区性特征,使其在农业技术扩散及广泛应用方面具有很强优势。农业技术应用在提升合作社声誉、发挥农民专业合作社组织职能、提高农民专业合作社运营效率方面不仅具有理论上的可行性,同时,以农业技术应用促进农民专业合作社发展的实践也获得了成功。

一、W专业合作社情况简介

陕西省渭南地区W专业合作社由10户农户组成,主要种植西瓜,社员均为有长期种植经验的瓜农。合作社成立初衷,是为了大家抱团取暖,因为西瓜种植一年,需要更换土地以确保规避连作障碍,流转土地时大家联合起来谈判,具有价格上的谈判优势,销售时具有规模优势便于客商上门收购。合作社内种植西瓜面积最大的农户为领头人,在种子购买、联系收购客商时作为主要联络人,但是十户农户还是各自种植。这十户农户种植技术基本上都是按传统经验,只是有的农户管理仔细一点,西瓜产量能稍微高一点。因此,年复一年,W合作社基本维持简单再生产,农户并没有因为合作而带来较大收益。

2012年,一家外资企业X种子有限责任公司在推销公司西瓜新品种时,感觉该合作社种植经验丰富,社员淳朴厚道,为了便于长期销售产品,该公司决定与其达成长期合作协议。种子公司一方面利用自身资源帮助合作社联系青果商,使青果商与合作社达成了长期收购优质西瓜协议,建立了稳定的供应渠道;另一方面结合自有优良西瓜品种和技术优势与合作社开展新品种示范推广,同时通过新品种试验逐渐对合作社社员进行技术辅导,以提高新品种的推广效率。合作社按照青果商提供的市场供应计划合理安排种植茬口,确保优质西瓜的商品产量,种子公司免费提供种植技术并跟踪指导,以保障农产品品质。

X种子有限责任公司作为外部组织,无形中参与推动了W专业合作社历史性的变革。以往,合作社为了实现周年供应,十户农户达成联合种植协议,流转的土地按不同地块错开时间种植,以实现有序上市。然而,由于每年必须重新流转土地,租地成本、重复建设成本、社员迁移成本等成了社员们沉重的负担。2014年冬季,X种子有限责任公司在对W专业合作社社员进行技术培训时,开设了嫁接技术培训课程,嫁接苗长势强、抗枯萎病,同一块地可以连续多年种植,完全可以免去每年都要寻找土地的烦恼,使土地流转过程中的交易成本大大节约。同时,合作社可以在固定的土地上按照持续发展的思路培肥土壤、完善基础设施,以改善生产生活条件。

但是,嫁接苗对栽培管理技术有相对较高的技术要求,X种子有限责任公司长期的技术合作打消了合作社社员的顾虑。2015年开始,在X种子有限责任公司的帮助下,W专业合作社开始了嫁接苗生产,2017年合作社嫁接苗生产技术开始成熟。由于在种植技术上获得了较大提高,销售上有了保障,W专业合作社发展规模不断扩大,声誉也不断提高,进而也成为其他农资公司的试验示范基地。目前,W专业合作社与种子公司、农化公司、肥料公司都有新品种试验示范合作,与青果公司有稳定的青果生产销售合作。合作社的新品种、新技术、高品质已经充分体现在了其品牌价值之中。

二、W专业合作社实现了创新发展

1.农业技术应用提高了W专业合作社声誉

农民专业合作社生存的基础是其所生产的农产品适销对路、品质优良,而这一切需要农业技术做支撑。因此,对合作社社员而言,传统农业技术、长期种植经验对农业生产起到了一定保障作用,但要实现高产、优质、高效,在市场竞争中获得一席之位,必须不断引进新品种、学习新技术,为农民专业合作社发展提供不竭动力。案例中,W专业合作社通过学习应用新技术,西瓜产量、品质得到很大提高。新品种的不断引进,造就了合作社在业界的引领地位,从而提升了农民专业合作社的声誉。

2.农业技术应用促进了W专业合作社业务创新

谁掌握了技术,谁就拥有了发展权。引进新品种、应用新技术、拓宽合作模式,以改善新技术的获取成本和效率,能够促进农民专业合作社持续健康发展。农民专业合作社作为一种合作经济组织,其组织形式和规模程度决定了在与传统农户的竞争中具有天然的组织和规模优势。

英国著名人类学家R.布朗指出,社会网络具有高密集度和较短传播路径,能有效促进技术推广效率。W专业合作社作为嵌入农村社区的经济性组织,其成员在社会网络中的人际关系繁杂。社员从事的生产工作、掌握的技术信息,在交往的人群中不断得到传播。这些新技术、新品种的应用推广使W专业合作社的口碑,不仅在农户中得到传播,还在农业经营领域范围内得到广泛流传。于是随着社会网络传播范围的扩大,又吸引了其他市场主体与其合作。

随着合作方的增多,W专业合作社摆脱了传统的只生产农产品的单一发展模式,业务拓展范围不断扩大。目前,W专业合作社在与农业技术推广部门、涉农企业合作中,积极学习育苗技术、种植技术、新品种和新技术试验方法,已经发展成为种子公司的育苗基地和新品种、新技术试验示范基地;为农化公司、肥料公司安排试验时,逐渐掌握了比较、分析与评价方法,能够识别农药、化肥质量的优劣,从而成为农化公司、肥料公司的试验基地、示范基地。

3.农业技术应用促进了 W 专业合作社营销模式创新

W 专业合作社前期发展中,销售方式主要是坐等客商上门收购,尚未形成稳定的销售网络。在每年瓜果市场波动中,不仅西瓜价格不稳定,有时还存在滞销问题。在与种子公司、肥料公司、农业技术推广部门的合作中,西瓜商品产量和质量得到有效保证。栽下梧桐树,引来金凤凰,目前有三家青果公司与 W 专业合作社签有订单合同,形成了稳定的销售合作关系。作为青果商的供应基地,农产品供应数量、销售价格事先在合同中予以约定,W 专业合作社只要按照订单计划组织生产,保质保量完成即可,困扰农民专业合作社多年的销售问题得以解决。

案例 2:为技术而生,因推广而兴——记安徽省志阳新型农业技术推广专业合作社

安徽省志阳新型农业技术推广专业合作社是一个"另类"的合作社,自己不种一分地,却有诸多新型农业经营主体请它去指导种地,其中不乏国家级示范社、省级示范社。合作社的效益也非常不错,2016 年收入达到 300 多万元。这是一家什么样的合作社? 是如何成长起来的? 下面就来讲述它的跨越发展三大步。

一、门外汉掌握了核心技术

2011 年前,安徽省阜阳人吕治春还跟农业一点不沾边,他在西北做生意,事业小有所成。有一次,他从网上看到一则报道,说国内的水果,挑最好的出口,但国外一些人则认为中国的水果质量不安全,给当作垃圾扔了。这深深刺激了吕治春,他认为,农产品质量不安全,根本原因在于长期施用化肥、农药,导致土壤污染。"土壤治理是大势所趋,我要让我的小孩不再吃到不安全的食品。"本着这个初衷,2011 年吕治春自费到西欧和以色列,学习农业新技术。

在法国,他特别注意到,农民会把卖不掉的和残次的葡萄全部收集起来,放在桶里发酵作为肥料,这给了吕治春启发。2012年下半年回国后,他结合阜阳当地实际,培育驯化出一种生物菌。"人家扔的废菜,我用三轮车拉回来做试验,院子里臭烘烘的,大家都不知道和我吵了多少回。后来却不臭了,大家都很奇怪。"吕治春设想,每个果菜园区都有不少烂瓜烂菜,扔得到处都是,可以将它们收集起来,用他培育的生物菌发酵,发酵后的有机液体和残渣就地还田,实现改良土壤、美好环境、减少投入,一举多得。由于所有流程都在原地完成,他将这项技术命名为蔬菜废弃物原位处理和利用技术。

为了验证自己的技术,2013年,吕治春在当地一个大棚基地找到一户农民,这户农民有20个黄瓜大棚,吕治春极力说服他使用自己的技术。那户农民说,万一你给我弄毁了怎么办?吕治春脑子一热,拍着胸脯说由他赔偿。于是他们约定,按照去年的情况,吕治春保证一个大棚收入2万元,如果不到则给补齐,超了则多出的部分全归吕治春。20个大棚用上了吕治春的发酵肥,再上点饼肥,基本不用化肥。结果没多久,有12个棚出现了烧苗。这把吕治春急坏了,他赶紧请来安徽农业大学的专家,专家查看后说技术没问题,就是用量用大了。"咱一开始想,多用点不更好吗?结果适得其反。"吕治春懊恼地说,好在该农民很淳朴,提出只按1.5万元一个棚算,一共赔了18万元。

剩下的8个棚,吕治春精心照料着。黄瓜上市的时候,贩子们挨个大棚地品尝、谈价,一个贩子尝到吕治春的黄瓜,两眼一亮,问这瓜是谁种的?吕治春说是他种的,该贩子还不信,说一看吕治春就不是庄稼人。这个贩子对吕治春说,他收别人的黄瓜都是1.8元/斤,吕治春的黄瓜他给2.5元/斤,但得由他包销。"一瓣开我的瓜,一股黄瓜香味扑鼻而来。这个贩子收购我的黄瓜,不是送到菜市场,而是包装后进入水果市场,作为水果卖。最后,这8个棚挣的钱不但弥补了赔的18万元,还有剩余。"

吕治春得意地说。

二、合作社在园区大显身手

第一次小试牛刀，虽过程很惊险，但也让吕治春看到了广阔的前景。但是，单靠他一人干绝对不行，于是他决定找几个伙伴。2013年年底，通过当地村干部牵线，他聚集了5位高中文化以上、思想比较开放的乡亲，成立了志阳新型农业技术推广专业合作社。吕治春对成员进行培训，让大家掌握了生物发酵技术。另外，每年抽出两个月，送成员到安徽农业大学学习土壤修复、植保技术，充实农业基础知识。

初期，合作社的服务模式比较简单，就是为农户提供技术支持，收取一定的服务费，比如一个大棚，第一年收取300元，第二年收取200元，逐年减少。还有一种服务方案，比如同样是一个大棚，平常一年要投入1500元肥料，接受合作社服务后，只需给合作社1000元，全部肥料由合作社提供，保证产量不减少、品质有提高。合作社搭配使用发酵肥和化肥，化肥投入大概有200元，发酵肥成本大约300元，剩下的就是合作社的利润。农民节省了500元肥料费，也很乐意。

2014年下半年，吕治春到安徽省合肥市考察，在肥东发现了一个1万多亩的大棚蔬菜园区。吕治春找到园区老板，向他讲解合作社的技术。园区老板非常认同，拿出了10个棚，由合作社搞试点。很快，不到半年就成效显著。于是，双方签订协议，整个园区的技术服务委托给合作社，每月支付服务费2.4万元，合作社承诺园区土壤不发生板结，否则每个大棚赔偿5000元。合作社将园区所有的蔬菜瓜果废弃物集中发酵，就地返田。改良后的土壤，有机质多了，病虫害少了，化肥使用减少60％～70％，瓜菜的品质也明显提升。

合作社在园区的成功，引起了各方的关注和重视。2015年6月，央视《经济半小时》栏目来到园区，对合作社的发酵处理技术进行了报道。2016年，合作社的发酵技术在十八届中国科技工作者创新创业大赛中获得铜奖。

三、建平台拓展服务内容

吕治春认为,合作社最核心的竞争力是有自己的技术,但合作社的技术路线与科研院所刚好相反,先直接用于大田,取得效果后,再去探寻原因。2015年10月,合作社成立了安徽志阳环境生物技术公司,聘请了几名大学生,对合作社的技术进行研究整理,形成技术体系。同时,公司陆续开发了新的应用技术,比如依托中科院南京土壤所,开发了无机硒转化植物活性硒技术,目前正在试验生产富硒大米、小麦、苹果。合作社还摸索了一套生产模式,叫作环都市型绿叶菜种植模式。该模式的背景是,在绿叶菜生产中,从出芽到收获大概要16~17天,而菜青虫从虫卵到成虫也需要17天,成虫一天之内就可以把绿叶菜吃光。为此,合作社对土壤进行改良,并采取其他一些技术措施,实现了绿叶菜15天就上市,既不用打农药,也解决了虫害问题。目前,合作社正在对此模式申请技术专利。

随着影响的扩大,合作社服务的客户越来越多。目前,全国已签协议的客户有221家,包括龙头企业、合作社、种植大户、家庭农场,其中就有国家级示范社、省级示范社,服务总面积超过10万亩。服务的内容也不断拓展,涵盖了技术、品牌、市场、财务、认证、政策等。吕治春说,不少社会资本进入农业,但缺乏农业技术,一直搞农业生产的,却不懂得如何提升,都有着巨大的服务需求。为了便于管理,2016年合作社成立了公共服务平台,推出各种托管服务,包括财务托管、技术托管、基地管理托管等,也承接政府服务。还开发了公共服务App,向客户推送天气、病虫害等信息。

接下来,合作社将成立一家销售公司,帮助客户把产品卖出去。"好的产品还得卖出去,卖上好价格,才能实现自身的价值。"吕治春说,将来,生物技术公司专职研发,合作社专职推广,销售公司专职市场,三者捆绑发展,驱动更多的技术应用到生产领域。

第五章　家庭农场经营与农业技术推广

第一节　家庭农场的基本内容

2013 年中央一号文件提及"鼓励发展规模适度的农户家庭农场,完善对粮食生产规模经营主体的支持服务体系"。家庭农场正式出现在中央文件中,规模适度的家庭农场是我国农业发展的新型产业化经营主体,被寄予了新时代农业发展的期望。2014 年,农业部下发《农业部关于促进家庭农场发展的指导意见》,对促进家庭农场的发展提出了多方面的指导意见,这加快了家庭农场的发展步伐。

在社会化服务方面,《农业部关于促进家庭农场发展的指导意见》提及"强化面向家庭农场的社会化服务。基层农业技术推广机构要把家庭农场作为重要服务对象,有效提供农业技术推广、优良品种引进、动植物疫病防控、质量检测检验、农资供应和市场营销等服务。支持有条件的家庭农场建设试验示范基地,担任农业科技示范户,参与实施农业技术推广项目"。这也说明家庭农场在农业技术推广方面能起到一定的作用。在本章节中,将会介绍家庭农场与农业技术推广之间的关系,在此之前,先对家庭农场的概念、特征、认定等基本的内容进行介绍。

一、家庭农场的概念

家庭农场作为新型农业经营主体,以农民家庭成员为主要劳动力,以农业经营收入为主要收入来源,利用家庭承包土地或流转土地,从事规模化、集约化、商品化农业生产,保留了农户家庭经营的内核,坚持了家庭经营的基础性地位,适合我国基本国情,符合农业生产特点,契合经济社会发展阶段,是农户家庭承包经营的升级版,已成为引领适度规模经营、发展现代农业的有生力量。

二、家庭农场的特征

现阶段,家庭农场经营者主要是农民或其他长期从事农业生产的人员,主要依靠家庭成员而不是依靠雇工从事生产经营活动。家庭农场专门从事农业,主要进行种养业专业化生产,经营者大都接受过农业教育或技能培训,经营管理水平较高,示范带动能力较强,具有商品农产品生产能力。家庭农场经营规模适度,种养规模与家庭成员的劳动生产能力和经营管理能力相适应,符合当地确定的规模经营标准,收入水平能与当地城镇居民相当,实现较高的土地产出率、劳动生产率和资源利用率。各地要正确把握家庭农场特征,从实际出发,根据产业特点和家庭农场发展进程,引导其健康发展。

三、家庭农场的认定

农业部明确提出要探索建立家庭农场管理服务制度,鼓励县级农业部门建立家庭农场档案,支持县以上农业部门从当地实际出发,明确家庭农场认定标准,对经营者资格、劳动力结构、收入构成、经营规模、管理水平等提出相应要求。同时鼓励各地积极开展示范家庭农场创建活动,建立和发布示范家庭农场名录,引导和促进家庭农场提高经营管理水平。

家庭农场的认定在每个省份有些不同,但相同的是都被各省县乡的农业部门所重视。上海市还以法律的形式对家庭农场的管理与发展进行规范化安排,出台《上海市促进家庭农场发展条例》,明确了家庭农场作为新型农业经营主体的法律地位,为上海市家庭农场高质量发展提供有力的法制保障。

（一）家庭农场认定标准

家庭农场的认定没有唯一的标准，不同省市县都可以依据实际情况进行调整，可参考以下的认定标准进行自我预判。

土地流转以双方自愿为原则，并依法签订土地流转合同。

土地经营规模：水田、蔬菜和经济作物经营面积 30 公顷以上，其他大田作物经营面积 50 公顷以上。土地经营相对集中连片。

土地流转时间：10 年以上（包括 10 年），部分地区要求 5 年以上。

投入规模：投资总额（包括土地流转费、农机具投入等）要达到 50 万元以上。

有符合创办专业农场发展的规划或章程。家庭农场认定标准的明确，对一味追求土地经营规模、资本雇工农业变身家庭农场等现象有了更好的整顿，有效避免了"冒充"家庭农场的现象。这对我国家庭农场健康快速发展有非常重要的意义。

（二）需准备书面材料

专业农场申报人身份证明原件及复印件；

专业农场认定申请及审批意见表；

土地承包合同或经鉴证后的土地流转合同及公示材料（土地流转以双方自愿为原则，并依法签订土地流转合同）；

专业农场成员要有出资清单；

有符合创办专业农场发展的规划或章程；

其他需要出具的证明材料。

（三）家庭农场产业规模要求

种植业经营流转期限 5 年以上并集中连片的土地面积达到 30 亩以上，其中，种植粮油作物面积达到 100 亩以上（部分区域 50 亩以上）、水果面积 50 亩以上、茶园面积 30 亩以上、蔬菜面积 30 亩以上、食用菌面积达到 1 万平方米或 10 万袋以上。

畜禽业生猪年出栏 1000 头以上，肉牛年出栏 100 头以上，肉羊年出栏 500 头以上,奶牛年存栏 100～200 头,家禽年出栏 10000 羽以上,家兔年出栏 2000 只以上。从事其他特色种植养殖的年净收入达到 10 万元以上。

水产业经营流转期限 5 年以上,且集中连片的养殖水面达到 30 亩以上(特种水产养殖面积达到 10 亩以上)。

林业山林经营面积 500 亩以上、苗木花卉种植面积 30 亩以上、油茶 80 亩以上、中药材种植 30 亩以上。经营用材林地 200～5000 亩,毛竹等经济林 50～1000 亩以上,花卉苗木、林下种植 50～1000 亩,林下养蜂 100～500 箱、林下养殖蛙类 2 万～10 万只。

(四)家庭农场申报流程

申报:农户向所在乡镇人民政府(街道办事处)提出申请,并提供以下材料原件和复印件(一式两份):认定申请书;农户基本情况(从业人员情况、生产类别、规模、技术装备、经营情况等);土地承包、土地流转合同等证明材料;从事养殖业的须提供《动物防疫条件合格证》;其他有关证明材料。

初审:乡镇人民政府(街道办事处)负责初审有关凭证材料原件与复印件,签署意见,报送县级农业行政主管部门。

审核:县级农业行政主管部门负责对申报材料进行审核,并组织人员进行实地考查,形成审核意见。

评审:县级农业行政主管部门组织评审,按照认定条件,进行审查,综合评价,提出认定意见。

公示:经认定的家庭农场,在县级农业信息网进行公示,公示期不少于 7 天。

颁证:公示期满后,如无异议,由县级农业行政主管部门发文公布名单,并颁发证书。

备案:县级农业行政主管部门对认定的家庭农场,须报市级农业行政主管部门备案。相较于其他农业项目,家庭农场在名称使用上要求更为严格,需要遵循一定的规则:如名称必须有家庭农场字样,除此之外,不同注册性质的农场在名字使用要求上也不相同,必须在以下四种形式中诞生:一是"行政区划＋字号＋家庭农场",二是"行政区划＋字号＋行业＋家庭农场",三是"行政区划＋字号＋家庭农场＋有限(责任)公司"组织形式,四是"行政区划＋字号＋行业＋家庭农场＋有限(责任)公司"组织形式。所以这就要求家庭农场在申请之初就要做到名称符合规范,这样申请补贴或补助的时候才能审核通过。

四、家庭农场补贴的基本要点

(一)申报家庭农场大额补贴的三个侧重点

现在国家支持家庭农场的政策十分丰富,对于申报政策补贴也可以从家庭农场的不同类型进行分析,有的补贴适合所有的家庭农场,每个类型的休闲家庭农场也有重点关注的项目和补贴。

基础设施方面:所有的家庭农场基础设施建设都可以与政府协商解决。但是有一点需要注意,要在家庭农场建设之前就需要与政府沟通,最好先把家庭农场建设项目进行立项,向政府部门进行汇报。如果建好后再沟通和申请,恐怕已经很难拿到配套设施。

休闲方面:一二三产业融合项目重点支持发展休闲农业的园区。国家和各省每年都会评定休闲农业示范点、示范园区等经营好的家庭农场典范,这些家庭农场都可以进行申报,但是要达到园区 80 亩以上。

(二)产业家庭农产可以申报的补贴

根据产业不同,有蔬菜产业、水果产业、林业产业、水产养殖、畜禽养殖、加工产业等方面。蔬菜种植、水果产业、茶叶产业等:可以申报农业农村部的园艺作物标准园建设项目,每个项目补贴 50 万～100 万元,要求设施 200 亩以上,露地 1000 亩以上。

林业产业:可以申报林业局的名优经济林示范项目,每个项目 200 万元以上;林业局林下经济项目,一般补贴在 10 万～30 万元。林业局申报成为国家林下经济示范基地、国家绿色特色产业示范基地。

加工产业：有农产品产地初加工项目、开发性金融支持农产品加工业重点项目、技术提升与改造工程项目、农产品加工创业基地、农产品加工示范单位等。

观光类家庭农场：可以向旅游局申请旅游专项资金、旅游扶贫资金等。在贫困村建设的项目，还可以申请旅游局贫困村旅游扶贫项目资金。自由基地发展餐饮的家庭农场：还可以申请三品一标的认证及相关补贴，优质农产品生产基地。

运动体验类家庭农场是以优雅环境、运动拓展、活动体验、亲子教育等为特色。这类家庭农场多设置于市郊，方便都市白领等高收入人群自身与孩子参与体验，以及公司活动组织进行团队训练。可以申请教育部的教育基地、学生课外实践基地等，儿童、青少年见学基地等。

特色文化类家庭农场是依托当地的特色文化，特色饮食，少数民族文化、服饰等特有的产品和文化所建设的休闲家庭农场。发展特色文化的家庭农场可以申请文化产业发展专项资金，向县委宣传部和文化局等单位申报。

科教类家庭农场主要是家庭农场内利用现有的现代农业技术进行农业生产，并逐步将自主研发的技术进行试验示范与推广，并将现代农业技术进行展示、展览与体验，让人们认识与体验现代农业的进步与技术发展。这类家庭农场主要涉及的是科技局的相关项目，农业科技成果转化、星火计划项目、科技推广与集成技术示范项目等。

无论是何种类型的家庭农场都会有相互的融合，都可以从多个角度进行资金的申请，例如科技类家庭农场同时可以发展农业产业，运动体验类家庭农场可以发展观光餐饮。关键是农场主们要学会将自己的家庭农场从不同的角度进行分解，既可以享受产业类，又可以向科技类、旅游类和特色类靠拢，争取从多个部门申请到更多的资金。

第二节　示范性家庭农场

一、家庭农场示范基地的认定

2019年农业部等11部委联合发布《关于实施家庭农场培育计划的指导意见》，指出要加强创建示范性家庭农场、家庭农场示范县，各地农业部门要按照"自愿申报、择优推荐、逐级审核、动态管理"的原则，健全工作机制，开展示范性家庭农场创建，引导其在发展适度规模经营、应用先进技术、实施标准化生产、纵向延伸农业产业链价值链以及带动小农户发展等方面发挥示范作用。同时，要依托乡村振兴示范县、农业绿色发展先行区、现代农业示范区等，支持有条件的地方开展家庭农场示范县创建，探索系统推进家庭农场发展的政策体系和工作机制，促进家庭农场培育工作整县推进，整体提升家庭农场发展水平。

关于示范性家庭农场，各地的考评与认定会有所差异，目前可分为国家级、省级、市级和区级示范性家庭农场，有些可以有量化的考评标准，有些则无。下面以《山东省家庭农场省级示范场认定管理暂行办法》为例，了解示范性家庭农场的基本考评标准。山东省省级示范家庭农场是指经山东省农业厅会同省财政厅、省工商行政管理局等部门，按照相应标准、程序认定的具有示范带动作用的家庭农场。其认定包括四大板块，一是基本要求，二是生产管理，三是生产规模，四是生产效益，具体如下表。

认定山东省省级示范家庭农场的基本要素		
基本要求	主体规范	完成工商登记一年以上,依法开展经营活动,无违法不良记录;未被工商行政管理(市场监管)部门列入异常名录或异常状态。
	场所齐备	种植、养殖等产地环境良好,相对集中,布局合理,符合相关规定。经营土地规模相对稳定,租期或承包期在5年以上(含5年)。有必要的场房场地和办公设备,有独立的银行账户,有醒目的家庭农场标识。
	设施配套	有基本的生产配套设施和必要的生产机械。废弃物处理设施齐全,污染物排放达到环保要求。
	从业人员素质较高	主要经营者接受过农业技能培训或新型职业农民培训,掌握所从事农业产业较先进的生产、管理技能,熟悉并能运用现代信息技术提高经营管理水平。
生产管理	生产组织标准化	按照国家、行业规定的质量标准和生产技术规程组织生产,标准化生产率达到100%。建立生产记录制度,实现产地准出、原产地可追溯。无生产或产品质量安全事故、行业通报批评、媒体曝光问题等不良记录。在省级农产品质量监测中,产品合格率100%。
	生产过程机械化	通过自有设备或与农业社会化服务组织建立稳定的协作关系,基本实现主要生产环节机械化,生产手段达到该领域的先进水平。
	主要产品品牌化	主要产品通过无公害农产品、绿色食品、有机农产品或农产品地理标志认证。所销售产品实行品牌化经营,鼓励拥有注册商标。
	产品销售订单化	市场营销手段和方法便捷有效,纳入了农商、农超、农社对接等营销网络,产品销售渠道稳定,基本实现了生产与销售订单化。

续表

认定山东省省级示范家庭农场的基本要素		
生产规模	种植业:从事大田种植的,粮食作物种植面积 100～500 亩(果树、茶叶、观光园、采摘园在 100 亩左右);从事设施种植的,连片面积在 50 亩以上。 畜牧业:生猪年出栏达到 500 头以上,或能繁母猪 30 头以上;羊年出栏达到 500 只以上,或能繁母羊 50 只以上;肉牛年出栏达到 100 头以上,或能繁母牛 20 头以上,奶牛年存栏 50 头以上;肉禽年出栏 10 万羽以上,蛋禽年存栏 1 万羽以上;兔年出栏 1.5 万只以上,或存栏母兔 500 只以上;貂狐貉等特种养殖年出栏 1500 只以上,或存栏母畜 500 只以上;蜂 100 箱以上;其他特色养殖的,年收入 20 万元以上。 种养结合:主要产业规模达到上述标准下限的 70% 以上。	
生产效益	经济效益好	亩均产量高于本县(市、区)平均产量 10% 以上,或年人均纯收入高于本县(市、区)农民人均纯收入 30% 以上。
	带动能力强	在科技运用、农业装备、生产技能、经营模式、管理水平等方面对周边农户具有较强的示范效应,并带动当地农民增收。
	生态效益好	按照绿色生态、循环高效的原则开展生产经营活动,生产过程严格按标准使用农业投入品,规范使用化肥、农药,农业资源利用率高,农业废弃物实行无害化处理,农业生态环境良好,农业可持续发展能力强。

　　山东省省级示范家庭农场的认定量化指标不多,有些地方则采取全量化的认定,如浙江省的衢州市,其认定指标比上述的指标更细,下表为《2019 年度衢州市示范性家庭农场评分表》,对比两个表格,我们可以看

到示范性家庭农场都强调经营的合法性,注重生产的规模及其效益与经营主体的人才的素质,更看重家庭农场的农户带动能力,通过各项指标评估家庭农场的示范作用,大力推动各类家庭农场规范化发展。

项目	评分标准	得分
一、主体合法化(5分)	经工商注册登记,在醒目位置悬挂家庭农场标牌,得5分。	
二、生产规模化(15分)	1.达到以下规模的得5分。种植业:粮油集中连片200亩以上,设施蔬菜或露地蔬菜在100亩以上,林木100亩以上,果树100亩以上,茶叶100亩以上,食用菌50万袋以上;畜牧业:生猪年出栏在500头以上,家禽年出栏5万~10万羽;种养结合农场100亩以上。 2.规范签订土地流转合同,不拖欠租金,无土地流转纠纷,得3分。 3.配备满足生产需要的机耕、机插、机收、植保、自动喂料、冷藏保鲜等机械,社会化服务程度较高,得3分。 4.水、电、路、生产管理用房、大棚、喷滴灌管等设施完备,得4分。	
三、人员知识化(10分)	固定从业家庭人员不少于2人,得7分;有大学生从业,得3分。	
四、生产科技化(10分)	实行标准化生产,采用粮经、农牧、农林、林牧、农渔结合等循环农业模式,对畜禽排泄物、秸秆、农膜等农业废弃物资源化利用,采用绿色防控、物联网、智慧农业等先进农业技术,得7分;2019年度新实施提升项目1个以上,投入资金20万元以上,得3分。	

续表

项目	评分标准	得分
五、管理规范化（20分）	建立财务制度，收支记录完整，得5分；规范建立投入品管理、生产过程管理、生产档案记录、农产品质量安全管理制度并上墙得5分；配备农产品质量自检设备，开展农产品质量安全检测，得5分；全年农产品质量安全抽检合格率100%，农产品有条形码或二维码标识，未发生农产品质量安全事故，得5分。	
六、营销多元化（10分）	开展农产品电子商务、社区配送及农超、农企、农市、农社对接等形式产销对接，发展共享农业等新经济新业态新模式，得6分；一二三产业融合发展，农场整洁、卫生、美观，规划有序，得4分；通过A级景区评定、获得市级以上民宿荣誉的，加3分。	
七、产品品牌化（10分）	注册商标、创建市级及以上著名商标或品牌、开展"三品一标"认证，得5分；参加县级以上各类农产品展示展销活动，得5分；在市级、省级及以上农产品展示展销会上获奖的分别加2、3分。	
八、效益最大化（20分）	农场年收益30万元以上，农场收入为家庭主要收入来源，得5分；资源利用率、土地产出率、劳动生产率、市场竞争力较高得4分；水土保持良好，地力改善未退化，环境良好，未发生环境污染事件，得3分；对周边农户、低收入农民增收效果明显，得8分。	
合计		

二、示范性家庭农场的申请

无论是哪一种等级的示范性家庭农场，都会历经"申报——审核——认定"的环节,在申报环节,各家庭农场主要注重相关申报资料的收集和填写,每个地方都会制定申报通知,填写申报模板。下图为《衢州市示范性家庭农场申报表》,各家庭农场可参考借鉴,注重平日数据的收集和保存。

家庭农场生产经营情况	农场名称（盖章）			法人代表	
	农场地址			联系电话	
	创建时间		注册性质	固定资产投资（万元）	
	注册资金（万元）主营产品		种植、养殖规模	土地流转面积/年限	
	无公害等产品认证		商标注册（使用）	制度建立	
	上年总收入（万元）		上年总支出（万元）	上年净利润（万元）	
	家庭成员人均收入（万元）		与其他企业、合作社关系	主要销售模式	
	参与生产的家庭主要劳动力				
	姓名	关系	身份证号	文化程度/技术资格	内部分工
	常年雇工人数（个）			临时雇工工数（天）	

家庭农场主对申报内容真实性承诺签字：	年	月	日
县(市、区)农业农村局初审推荐意见：	年	月	日
市农业农村局审核意见：	年	月	日

三、示范性家庭农场的监测

示范性家庭农场的称号并不是长期有效的,各级示范性家庭农场往往实行动态管理,隔一段时间会依据评定的指标对已认定的示范性家庭农场进行监测,监测合格的可继续保留示范性家庭农场资格,监测不合格则取消。

第三节 家庭农场与农业技术推广

一、家庭农场在农业技术推广中的价值探寻

家庭农场也是追求利益的新型经营主体,在已有的发展基础上,寻求农业技术带来的更高利益是其长远发展的有效路径。现在的家庭农

场是农业技术的采用者,也是农业技术的推广者,这一推广者角色有多重的含义,表现在优秀突出的家庭农场主会被列为农业技术示范户,成为农业特聘人员,其家庭农场被评为示范基地,发挥示范作用,使他人能看到农业技术带来的成效,应用相应的农业技术等,充分发挥家庭农场的示范作用,扩大农业技术的推广范围。

(一)家庭农场可作为农业技术的培育基地,为农业技术推广提供基础保障

用现代科学技术改进农业、发展农业,使农业更上一层楼。现代科学技术的创新发明需要大量的培育试验基地,家庭农场是其中的一个选择。家庭农场具有一定的规模,可以为农业技术的创新研发提供土地支持。家庭农场一般以家庭劳动力为主,保持着家庭经营的特点,具备传统农户家庭的优势,能为技术开发提供人力支持。家庭农场的未来发展离不开农业技术的支持,家庭农场对农业技术的研发具有内在需求,将家庭农场作为农业技术的培育基地,对家庭农场有利,也对农业技术培育的人员和组织有益。农业部门可以优先在优秀的家庭农场开展新技术的试验、示范,新品种的试种、推广等,优先安排农业发展项目,优先提供各种信息服务,优先优惠参加农业保险,为加快新技术、新品种的推广普及提供有力的支持。

(二)家庭农场可作为农业技术的推广基地,发挥示范作用

家庭农场通过新技术采用及示范有利于推动我国农业科技的进步。郭熙保和龚广祥考察了家庭农场农业新技术采用行为的空间依赖性和溢出效应,发现同一乡镇不同村的家庭农场在农业新技术采用行为上的空间溢出效应随地理半径的扩大而微弱下降,位于不同乡镇的家庭农场在农业新技术采用上的空间溢出效应会随地理距离的增加而显著减小。同一乡镇但地理距离更远的"纯行政邻居"家庭农场农业新技术采用行为的空间溢出效应比地理临近,但不属于同一乡镇"纯地理邻居"的家庭农场农业新技术采用行为的空间溢出效应更大。当前我国注重培育家

庭农场示范基地,鼓励示范基地发挥示范作用,能带动周围的农户、家庭农场采用新型农业技术,改进农业发展。农业部门可以组织农户、家庭农场主、农业合作社等农业经营主体到所负责乡镇已采用新技术的家庭农场观摩学习,搭建以家庭农场示范基地为载体的家庭平台,提高新农业技术在更大范围内的采用。

(三)家庭农场主发挥带头、辐射作用,推进农业技术推广

部分家庭农场主文化程度高、务农经验丰富、敢于创新采用农业技术等,引用科学的方式耕种养殖致富,成为科技示范户。农场主在示范中能提高自身科技素质,还能引导、激发带动周围的农户调整耕种养殖方式,使其采用新技术。农场主耕种养殖的环境与农户的耕种环境相同,加之有目共睹的耕种成效,再附上以现身说法传技术的方式向农户宣传推广农业技术,其成效远超口头的农业技术推广成效。农户与农户、农户与家庭农场之间的相互交流,能促进多方的合作互助,拓宽了农业技术获取渠道。优秀的家庭农场主往往都会有比农户更大的科技信息网络,其可以将相应的农业技术信息传递给农户,打开农户的视野,同时拉近农户与其他专业农技人员的关系,提高农户采用新技术的主动性与积极性。

二、家庭农场如何发挥农业技术推广作用

(一)创建示范性家庭农场,发挥示范性作用,推广农业技术

农业技术的推广离不开示范性个体、组织,示范性家庭农场要充分发挥示范性作用,创新农业技术推广工作,推进农业科学技术的扩散。蔡荣、汪紫钰和杜志雄基于对全国家庭农场的监控数据,发现当前中国家庭农场技术效率水平整体偏低,存在较大的提升空间。与其他家庭农场相比,省级示范家庭农场的技术效率略高一些,但总体而言,成为示范典型并未给家庭农场带来技术效率的提高,这就说明示范性家庭农场的示范作用不明显。农业示范户、示范家庭是农业推广的主力军,由于示

范性家庭农场的创建发展还在探索发展阶段,其示范带动能力有待进一步的提升。不同类型和规模的示范性家庭农场应主动或借助各农业部门的力量发挥"头雁领航,群雁齐飞"的典型示范作用,推广农场在农业技术方面的优秀经验,促使更多家庭农场高质量发展。

典型案例

嘉兴市南湖区新丰丰良家庭农场

嘉兴市南湖区新丰丰良家庭农场成立于2014年,位于新丰镇杨庄村,场主施志良就是杨庄村施家桥村民。农场拥有钢管连栋大棚80亩,种植了油挑、早春蜜桃等精品水果。它是2018年嘉兴市市级示范性家庭农场,也是嘉兴市家庭农场乡村振兴示范点,更是现代农业科技示范基地,有试验场地、专家工作室及培训教室等,可以进行无公害油桃、早蜜种植等技术示范;聘请3名高级技术专家担任技术指导。2021年嘉兴市农业农村局举行高素质农民(桃产业)培训班,丰良家庭农场作为其中一个考察学习点,各参与者充分交流学习设施技术与树体修剪内容,以进一步提高桃种植管理水平。

河南省夏邑县王飞家庭农场

王飞家庭农场位于河南省商丘市夏邑县刘店集乡徐马庄村,由80后农民王飞于2012年创办。农场以发展生态休闲农业为主,现经营果树温室大棚14个,露地梨树80亩,露地晚黄桃70亩,苹果、猕猴桃35亩和一些优质瓜菜、杂粮作物,共流转耕地230余亩。农场主王飞在生产实践中,探索出"一年四季有活干,一年四季有钱赚"的经营模式,亩均效益3万元以上,最高达到5万元,每年纯收入百万元以上。

王飞家庭农场所在的刘店集乡有耕地 4 万余亩,乡政府利用其便捷发达的交通条件,带动农民积极发展蔬菜生产。刘店集乡现有蔬菜大棚 1 万余亩,规模在 100 亩以上的农场接近 30 个,逐渐发展成为河南省乃至全国知名的蔬菜供应地。

从 2014 年开始,农场推行"家庭农场＋土地流转＋贫困户务工＋脱贫技能培训"的扶贫模式。在土地流转上,农场优先流转贫困户的土地,流转费为每亩每年 1200 斤小麦,按当年市场价直接支付现金。在技能培训上,王飞建立了"农民田间学校",对贫困户免费培训指导,帮他们规划、管理和销售。对有技术无资金的贫困户,帮助协调贷款;对没项目的贫困户,免费提供项目、技术及销售支持;对没能力创业、风险承担能力弱的贫困户,安排其到农场打工,定期领工资,目前已与 24 户贫困户签订了劳动用工协议。近几年来,农场先后举办培训班 30 余期,培训学员 3000 余人次;同时还接待省内外贫困户学员 100 余批次共 20000 余人。

(二)参与农业技术推广项目

农业生产受环境、气候及品种等多种因素影响,试验研究和引进的技术能否适用、是否具有推广价值,需要经过生产实践来检验,家庭农场可以通过参与农业技术推广项目,提升农场自身发展质量的同时为新技术的研发、推广提供科学依据和展示平台。

典型案例

浦东新区"家庭农场生态农业技术集成示范"项目

浦东新区农业技术推广中心协作参与的上海市农委推广项目"家庭农场生态农业技术集成示范"项目于日前通过了专家验收。

为了达到化肥、农药双减,农业废弃物资源化利用的目的,浦东新区在曹路镇建立了稻—麦种植型示范家庭农场,在示范区内进行了生态技术的应用、农业废弃物资源化利用,并开展优化作物茬口布局提升土壤肥力技术研究和病虫草害绿色防控技术应用。在项目实施的三年期间,示范基地内农业废弃物资源化利用率达100%;在总氮量平均减少10%的情况下还取得了5.4%的增产效果,效益提高了6.1%,不但节省了人工,提高了肥料利用率,还减轻了肥料浪费引起的环境污染;农药使用次数比常规用药减少1~2次,化学农药存留量平均减少21.76%。该项目防治效果与常规相当,具有很好的生态效益和社会效益。

据了解,有关部门还组织土肥专管员和家庭农场主共开展培训5次,培训人数160人次,发放资料405份。技术辐射带动了本区20户家庭农场应用,为浦东新区农药、化肥双减工作起到了促进作用。

(三)家庭农场主担任农业特聘人员

特聘农技员主要从以下四类群体中招募:一是农业乡土专家;二是农业种养能手;三是新型农业经营主体的技术骨干;四是农业科研教学单位中长期在生产一线开展成果转化与技术服务的科技人员。符合条件的家庭农场主也可以充当特聘农技员,参与农业技术推广工作。

特聘农技员的服务任务有三点:一是为县域农业特色优势产业发展提供技术指导与咨询服务;二是为贫困农户从事农业生产经营提供技术帮扶;三是与基层农技人员结对开展农技服务,增强农技人员专业技能和实操水平。

家庭农场主担任特聘农技员的优秀做法:山东省青岛市黄岛区廒上米田家庭农场家庭农场主、特聘农技员王飞。

山东省青岛市黄岛区廒上米田家庭农场入选第二批全国家庭农场典型案例,家庭农场的高质量发展离不开其农场主王飞的付出,他的稻田亩产总比人家要高出一两百斤,是村民心目中的种植能手。廒上村种植水稻已有 50 余年历史,村民种植水稻基本是满足自身需求,由于村民种植理念单一,传统水稻品种老化,种植、加工技术落后,市场销路不畅,卖得也不多,水稻鲜有人知。

种田要有效益,要靠规模化提高经济效益,靠机械化提高生产效率,靠科技化提高产品品质。为了扩大种植规模,2013 年,王飞流转湿地 500 亩,成立青岛廒上米田家庭农场,开始现代化种植海水稻。距水稻种植基地不远处,农场的厂房里摆放着许多台"大家伙":育秧机、插秧机、收割机、烘干机等。为更好地保护好廒上村这一天然优质资源,打造现代版的"廒上粮仓",为人们提供优质新鲜的大米,王飞自选野生稻种,使用机插技术、水肥一体无盘育秧技术等,还在田间设诱蛾灯,种植出来的水稻绿色生态。水稻经过长达 225 天的无霜期生长,口感软糯香甜、富有弹性,亩产 150～200 公斤,年产 5 万～8 万公斤。为充分保留胚芽营养成分(胚芽占大米重量 2%～3.5%),还采用大米加工设备,加工全过程无抛光、无打蜡,胚芽保留度可达 70%～80%,最大限度保留了粗纤维、多种维生素和微量元素,蛋白质含量高达 7%。

王飞农场产的米质优、口感好,并将其注册为"廒上贡米"有机稻米品牌,"廒上贡米"在当地得到消费者青睐,销售大幅提升,每公斤价格达到 50 元。目前,来自北京、深圳的订单纷至沓来,"廒上贡米"已销往全国各地大中城市。

发展稻田养虾共生模式,带动村民创收,推动生态农业发展。"'虾稻共作'模式,实现了小龙虾与水稻的共养共生。耕作期在稻田中沿田埂挖出 2 米宽、1.5 米深的大沟。插秧时节,把尚在幼苗期的小龙虾移至大沟内生长,等秧苗长壮实了,再把沟里的幼虾引回稻田里。这样,四五月份收一季虾,八九月份又收获一季虾,就是'一稻两虾'。"水稻在生长过程中产生的微生物及害虫为小龙虾的发育提供了充足的饵料,而小龙虾产生的排泄物又为水稻生长提供了良好的生物肥。水稻收割后,秸秆可以还田,培肥地力。在这种优势互补的生物链中,小龙虾及水稻的品质都得到了保障,更使稻米成为一种接近天然生长的生态稻。龙虾为稻田除草、松土、增肥,稻田为龙虾供饵、遮阴、避害,让稻虾共作"比翼齐飞",有效提高了湿地利用率和产出效益。

"作为一名种粮大户,社会责任首要在于种粮,其次在于将自己成熟的种植技术传授给农户,带领大家共同致富。"王飞经常为农户讲课,通过"理论＋基地"的教学模式,讲授育秧技术、病虫害防治等技术要点。2017年下半年,厩上米田家庭农场"互联网＋农业"的新兴团队应运而生,通过引进人才、增加投入经费、拓展推广资源等方式,将水产、农产等特色产品成功上线;并通过培训与实操,积极帮助当地农户对接互联网,促进全村共同致富。如今,该家庭农场销售网络已辐射到农业、渔业、线下实体店、淘宝、微信等,带动厩上村、马家滩村等众多乡亲父老过上好日子,收入和生活明显改善。

(四)建立家庭农场联盟,发挥家庭农场的最大作用

每一个家庭农场并非一个孤立的个体,多个家庭农场连接起来形成一个家庭农场联盟,搭建一个相互交流学习的大平台,能扩大农场主的社会关系网络,进而让农场主了解与生产加工销售有关的更多资料,如新农业技术的引用、大型农业机械化的补贴等多方面的内容,使得家庭农场与其他家庭农场或经营主体建立一个横向或纵向一体化的关系,从而推动中国农业的发展。

家庭农场是我国农业发展的重要组成部分,依托家庭农场进行农业技术的推广,能加快我国农业现代化发展的步伐。适度规模发展的家庭农场应不断发挥主体能动性,提高自身采用农业技术或创新农业技术的能力,借助技术的力量,提高农业生产、加工等多方面的效益,并将自身的良好经验推广出去,帮助更多的农户,使农业技术转化为更多农户高生产力的助力器。

第四节　家庭农场的优秀案例

案例1:河北石家庄市藁城区国奇农兴家庭农场——创出品牌占市场,开展服务增效益

粮食类家庭农场结合自身条件,在做好农场经营的同时,为周围农户提供农业社会化服务,进行产品深加工,创造更多盈利点是其实现稳定发展和持续盈利的重要途径。本案例阐释了粮食类家庭农场如何通过一系列创新活动,获得稳定的经营收入。

一是组织模式创新。农场利用平原地区特有的"机井组织",开展统一种植服务,机井组织代表与农场签订生产协议,由农场负责统一采购农资、耕种和防疫。

二是利益联结机制创新。农场与机井组织代表签订生产协议并每亩地收取10元保证金,保证金在统一种植后直接从种子费用中扣除,这种方式一定程度上约束了农户的生产行为。

三是服务形式和内容创新。农场利用"田间学校"和大喇叭广播站资源,组织农户开展生产活动,提高其种植技术水平。农场为农户提供的生产服务涵盖农业生产的上游、中游、下游三个环节。

四是种植和销售创新。农场利用当地土壤富含硒元素特质,种植富硒谷子和小麦,对产品进行深加工并注册"三河一道""藁南黄金"两个商标进行品牌化销售。

国奇农兴家庭农场位于河北省石家庄市藁城区梅花镇南刘村。这里土地肥沃,多年来以种植小麦和玉米为主。近十多年来形成的梅花镇马庄村小米加工市场,成为华北地区第一大小米市场。农场由李国奇于2015年创办,家庭成员5人,共流转土地280亩,主要种植粮食,生产富硒小米、紫麦、玉米面粉等,先后被评为市级和省级示范家庭农场。2012

年,从事制糖行业的李国奇看到未来农业的光明前景,便流转了 100 亩土地种植小麦和玉米。得知家乡梅花镇一带土壤富含硒元素,便转变种植结构,在富硒农产品上做起了文章。李国奇依托临近马庄村小米加工市场的优势,种植"藁优 2018"强筋麦和"张杂谷"谷子。与周边农户签订合同,发展订单农业,带动周边建立了 3 个家庭农场。农场通过滚动发展,建设了 900 平方米仓储间、1300 平方米晾晒场和产品包装间,逐步添置了联合收割机、大型拖拉机、自走式 12 米打药机、播种机等 10 多台现代农业机械设备,耕、种、防、收全部实现了机械化作业,不仅满足了农场自身需要,还能为订单农户和周边群众提供社会化服务。李国奇 2016年担任石家庄市新农村大喇叭村级服务站站长,2017 年被评为藁城区"最美创新农民"。农场通过不断更新经营管理理念、生产技术和经营品种,优化种植模式,树立产品品牌,发展农业旅游,综合实力持续增强。

一是制定规章制度,确保规范管理。为了加强农场的规范化建设,先后制定了《农业生产投入品管理制度》《财务管理制度》《农机员管理制度》《小麦生产技术规程》等各项规章制度,规范生产记录和财务收支记录。例如,通过台账对农资采购、产品销售和社会化服务等进行详细记录,确保了产品高产安全,农场运营平稳高效。

二是实行"五引""三新",提升经营水平。农场实行"五引""三新"发展理念,分别是引进人才、引进技术、引进专家、引进管理、引进制度,新科技、新模式、新农业。例如,通过与河北农业大学、河北省农科院建立长期合作关系,聘请相关专家定期到农场指导生产和经营,在专家的指导和帮助下,农场不断更新经营管理理念,应用先进生产技术,选择最新经营品种,做到了紧跟科技发展,紧追市场需求,步入了规范化发展的良性轨道。

三是创新种植模式,提高种植效益。在种植过程中,创新"三减一培一增"模式(减水、减肥、减药、培肥地力、增加收入)和"雨养"模式(种肥同播、播后雨养的模式),每亩节约成本近百元,增加产量 200 斤,两项新模式实现节约成本、增加产量，每亩可增加收入 500 元。农场创新了黄豆"飞防"管理模式，药液喷洒均匀效率高。

四是发展富硒农产品，打造特色品牌。农场立足藁城区梅花镇一带得天独厚的富硒土壤优势，把发展富硒系列农产品作为主营方向。2017年 1 月，分别注册了"三河一道""藁南黄金"两个商标。把小麦和谷子委托给面粉厂、碾米厂加工，实现自产自销，利润翻了近一倍。同时还委托酒厂和面粉厂加工小米酒、小米面，酿出的小米原浆酒好喝不上头，做出的小米面粥润滑易吸收，营养价值远高于玉米粥。农场生产的藁优强筋麦每斤价格比一般小麦高 0.2 元。由于"张杂谷"产量高、口感好又富含硒元素，市场销路顺畅，"三河一道"优质紫麦年销售量 6 万公斤、"藁南黄金"系列富硒小米产品年销售量 4 万公斤。富硒小米、紫麦、玉米面以有机和功能营养为特色，深受市场欢迎，农场年增加收入逾 20 万元。

五是通过"农业＋旅游"模式，拓展农场功能。随着都市旅游农业的发展，农场结合自己的种植优势和市场需要，充分利用紧邻省会石家庄的城郊优势，开始尝试发展"农耕体验"。游客可将指定地块托管给农场，也可以自己管护。游客们多数是一家老小，在周末和节假日自驾过来，不仅能体验农耕乐趣，还可以品尝购买农场的绿色生态健康食品。

六是开展生产性服务，增加经营收入。经过几年发展，农场形成"农机＋农技＋农托＋农化＋农资"的"五农"经营模式。在已满足农场生产需求的基础上，2018 年新购买两台大型机械设备，其中玉米收获机为周边 256 户农户收割玉米，作业面积达 1500 亩地，每亩为农户节省成本 30元。因为作业效率高，保证了在多风雨的秋收季节及时收获，赢得了农户赞许，农场净收入也增加了 7.5 万元。另外，所购大拖拉机为农户提供高标准深松土地 1000 亩、低标准深松土地 1000 亩，农场创收 6 万余元。

七是推广新技术新品种，带动农户致富。在河北省农科院的指导下选择种植新优品种，做到"人无我有，人有我优"。例如：谷子种植，选择

"张杂谷"新品种,该品种产量高,碾出的小米口感好,不愁销路。除了农场自己种植外,还按照"订单农业"的模式,向周边农户、家庭农场推广新品种、新技术,带动周边100多农户、3个家庭农场和8个种植大户共同致富。

八是探索循环农业种植模式。农场根据自身情况适当发展循环农业种植,2018年分别试种了10亩红薯和花生,利用当地各种养殖场无害化处理过的牛粪、羊粪、猪粪来替代化肥,探索发展绿色循环农业。虽然目前种植面积不大,但市场前景不错。例如,2018年种植的有机花生投入市场后,因品质优良,很短时间内就被抢购一空,为下一步扩大种植增加了信心、积累了经验。

九是以技术服务带动农户发展。农场提供高产种植技术、病虫害统防统治技术,当地农户可免费或者以成本价使用。充分利用"田间学校"和大喇叭广播站优势,组织农民开展现场观摩活动,让广大农户了解新品种,掌握新技术,树立市场观念,学会农产品营销方法。除了提供技术服务外,农场还为农户集中采购种子、化肥和农药等农资,在降低农户生产成本支出的同时,还可以根据农户使用时间把化肥、农药等物资送到田间地头,受到了农户欢迎。

案例2:四川宜宾市叙州区稻香坛种养殖家庭农场——实行虾稻共作 突破技术难题

稻香坛种养殖家庭农场在退伍军人刘伟的带领下,通过适度规模、规范生产、科学养殖,种养有机结合,提高了综合效益。这个案例表明,家庭农场要想取得成功,发展中要注意以下几点。

一是要积极提高经营管理能力。一方面,让更多刘伟这样愿意并有能力从事现代农业的人经营家庭农场,推动家庭农场的发展;另一方面,将高素质农民培育和家庭农场发展结合起来,提高家庭农场主的经营管理能力。

二是坚持适度规模,向产值、向品质要效益。实践中一些家庭农场经营土地动辄上千亩,超出了农场主的经营管理能力,导致土地单位产出和农场经营效益下滑。稻香坛种养殖家庭农场只有160亩土地,通过水稻、龙虾种养有机结合,提高农产品品质,年销售收入达200万元。

三是以规范管理和科学种田实现高效生产。能否用现代理念管理农场、用现代科技装备农业,直接关系到家庭农场发展质量。与一些家庭农场经营管理比较粗放不同,稻香坛种养殖家庭农场借助规范管理和科技创新,实现了精准高效生产。

稻香坛种养殖家庭农场位于四川省宜宾市叙州区普安镇土主村,创办于2012年,2017年被评为省级示范家庭农场。稻香坛种养殖家庭农场法人刘伟是一名退伍军人,2012年退伍回到家乡后,流转土地160亩,投资20万元,成立了稻香坛种养殖家庭农场。农场注册资金50万元,固定资产240万元;实行"稻虾共作"等多种种养模式,现经营土地318亩;修建储藏室400立方米,晒坝800平方米;注册商标"川滇红",凭借刻苦钻研,拥有国家专利18项。2018年销售收入达到200万元。刘伟于2017年被评为"宜宾市优秀退伍军人"。

农场坚持科学管理、绿色经营,主要依靠家庭成员负责生产活动,走出了一条技术专利化引领的创新发展道路。

三"定"求规模。家庭农场的经营规模主要由投入、劳动力与经营模式三个方面决定。稻香坛种养殖家庭农场从一开始就树立适度规模经营的理念,通过"三定"确保经营规模适度、稳定。一是"定投入"。农场以自有资金为基础确定投资规模,采取适度负债的原则,主要依靠自有资金进行投资,做好通盘的规划。每年依据产业特征和市场行情,确定农场种养计划,通过核算基础设施、农资、人工等投入,量入为出、以收定支,不盲目贪多求大而给经营带来风险。二是"定劳力"。农场根据经营规模、种养环节等需求,合理分配劳动力,统一调度、精打细算,让适合的人干适合的活,让合适的人管合适的事,激发工作积极性、主动性,优化劳动力资源配置；经过几年的摸索，农场按照种植养殖规律分配劳动力、指定管理区域，确定聘请劳动力数量，降低可控成本，优化生产效率。三是"定模式"。农场改变传统种养方式，依据不同的土壤类型、灌溉条件及地理位置，结合小龙虾生活习性及生长特点，分析山上、田间等不同选址的优劣性，确立"稻虾共作""稻虾轮作"等多元化种植模式，实现稻与虾互利共生、生态循环，种养效益达到单一水稻种植的7倍。

三"坚"助兴旺。家庭农场可以使分散的土地、资金、技术和劳动力等生产要素在更大的范围内自由组合，也为农业高质量发展奠定了基础。稻香坛种养殖家庭农场坚持管理与技术并重，不断提升效益和竞争力，持续推动产业高质量发展。一是坚持实施精细化管理。家庭农场的每一个工作人员，上到农场主下到普通饲养员，都细化工作职责和范围。在每一个生产环节都细分具体标准，该什么时候施肥、施多少肥、什么时候投食喂养等都有明确规范，做到科学管理、精准生产。二是坚持普及实用性技术。发展好产业，技术是关键，要有先进的技术就必须破解人才瓶颈制约。农场成立后，花了近3年的时间攻克种养循环的技术难关，取得了明显成效。农场自身发展的同时，还积极参与农民培训教育，通过现场示范等多种形式，向周边农户推广应用实用技术，取得了良好的社会效益。三是坚持推动高质量发展。农场主刘伟清醒地认识到推进农业高质量发展的重要性，从一开始就确立了"品质至上"的发展理念。农场通过实行稻虾循环种养，既减少农药、化肥使用，又提升农作物自我抗性，构建了绿色发展模式。

三"技"铸成就。科技创新是支撑现代农业发展的核心驱动力。对于家庭农场而言，所需要的技术不一定是前沿技术，而是集中在良种良法、加工储运、农机装备等实用技术层面。稻香坛种养殖家庭农场在引进先进品种技术的同时，围绕产业重点领域，自主创新、重点攻关，突破了一批关键核心技术难题。一是坚持自主开发应用，技术专利稳步增长。农场始终坚持走科技兴农之路，紧紧依靠技术创新实现节本增收。

农场主刘伟刻苦钻研、不断探索,撰写了 10 万余字的指导资料,并逐步获得田间防逃装置、投食系统等 18 项国家专利,有力提升了农场的影响力和知名度。二是聚焦产业链关键环节,重点攻关核心技术。比如,农场设计了专用运输装置,并采取科学的运输方式,提高了小龙虾存活率,大大减少了运输中的死亡率,仅此一项技术创新,农场年提高收入近 10 万元。三是突破技术难题,技术转化成效显著。近年来,农场积极推广应用科技成果 10 多项,创造经济效益 100 余万元,进一步发挥了科技创新的支撑作用。

三"法"促发展。农业生产经营组织创新是推进现代农业建设的基础条件。稻香坛种养殖家庭农场在尊重和保障农户生产经营主体地位的基础上,嫁接先进的管理理念,瞄准市场需求变化安排生产,充分激发农村生产要素潜能。一是用现代经营形式发展农业。实行订单式生产,全方位监控生产流程,严格按照消费者的需求进行匹配,有效解决产品销路难题。农场通过请进来体验营销产品,提高消费者对农业生产、产品质量的认知认同,带动周边其他产业发展。二是用高素质农民推进农业。农场积极创造条件,为成员提供各种培训机会,旨在通过系统培训,逐步将从业人员培养成懂科学生产、懂经营管理、懂市场营销的高素质农民。三是用绿色生态的理念引领农业。农场始终坚持科学用药、科学用肥,不仅要求农场成员,还引导周边农户转变观念、掌握技术。如:农药、化肥能不用就不用,即使必须使用时也严格按照质量标准的规定限量使用,并科学处理秸秆、薄膜等生产废弃物,提高科学用药用肥水平。

同时,农场对愿意共同发展"稻虾共作"的农户,优先提供虾苗,免费开展技术培训,面对面传授实用技术,统一组织产品销售,并允许使用自主品牌,通过各种方式解除周边小龙虾养殖户的后顾之忧。目前农场带动农户超过 100 户。

第六章　专业大户经营与农业技术推广

第一节　专业大户农业技术推广的现状

随着我国经济的发展及农业改革的持续推进,传统农业逐步向现代农业过渡转型,农户由传统的高相似群体逐渐分化为不同经营主体,呈现异质性特征,其中专业大户作为我国农村产业结构调整过程中快速发展起来的新型经营主体,符合经济社会的发展要求,在新农村建设和农业现代化建设过程中具有巨大的发展潜力和广阔的发展空间。

对于专业大户,他们通过规模经营,在现有农业生产条件下,希望通过提高技术装备水平,实现农业生产效益最大化,其从事农业生产的目的是为了实现收益最大化,在现实条件下,追求的是长久稳定的产出。

一、专业大户

大户通俗地讲是指有技术、会经营,能勤劳致富的人家。但是与农业挂钩的大户已经超出了"人家"这个范围,其农业经营形式更加广泛,主要包括以下几种:一是农业经营大户,泛指从事种植、养殖、加工、销售等经营的大户;二是"四荒"治理大户,主要是指通过"四荒"开发形成主导产业,并进行综合经营的大户;三是运销大户,主要是指以从事农副产品加工和农产品运销为主的大户。

对于大户的不同认识,肯定会影响人们对大户的辨别,为此,我们认为对大户进行辨别还要有一个标准,要看它是否具有示范、组织和带动功能。大户也具有一些基本的特征,比如,自筹资金的能力较强;产业选定和产品定位符合市场需求,销售渠道较稳定,有适度的规模经营;生产过程中采用新的生产经营方式、生产产品的科技含量较高,竞争力强等。

专业大户与大户还是存在区别的,大户要求大,但不一定要"专",它可以搞多种经营,也可以搞综合经营,而专业大户在要求大的同时必须要求"专"。专业大户主要是指以农业某一产业的专业化生产为主,初步实现规模经营的农户。专业大户根据"专业"的不同可以分为五种类型,一是以种植为"专业"的专业种植大户,包括种粮大户、种草大户、种果大户、特色种植大户、苗木大户等;二是以养殖为"专业"的专业养殖大户,包括养(奶)牛大户、养羊大户、养猪大户、养鸡大户、养鸭大户、养鹅大户等;三是以种加养为"专业"的专业种养大户,主要是前两种类型的综合;四是以农产品运销为"专业"的专业运销大户,其主要从事农产品的运输和销售经营;五是以农产品加工为"专业"的专业加工大户,其主要是指对农产品进行加工处理的大户。

有的专家还指出专业大户原则上要具备三个条件:一是以户为单位,属于家庭经营性质的;二是专业突出,其产值应占家庭经营总量的70％以上;三是要有相当的规模,年经营专业产品要消耗两个劳动力以上,户均经济容量要超过当地平均水平1倍以上。

二、专业大户与家庭农场的异同

专业大户与家庭农场都属于家庭经营性质,经济实力、融资能力以及采用先进科技的能力都比普通农户强,专业化程度和经济效益都比较高,都是对传统农业的发展,都具有现代农业特性。相同点主要包括:家庭化、规模化、专业化。

家庭化。专业大户和家庭农场都是以家庭承包为基础的经营模式,在生产经营过程中基本上都是以家庭为基本单位进行土地流转和生产操作的。

规模化。与普通农户的分散式经营和碎块化经营不同的是,专业大户和家庭农场都是适度规模经营,都需要达到规模经营的认定标准才会被认定为专业大户或家庭农场。以种植粮食为例,专业大户的种植面积一般要达到50~100亩,而家庭农场则要达到100~300亩。

专业化。专业大户和家庭农场都是以某一产业的专业化生产为主的,也就是说专业大户和家庭农场都必须确定自己的主导产业或专业产业,从事粮食种植就主要以粮食种植为主,而不去从事加工销售等。

从农业经营方式看,专业大户和家庭农场是有很大区别的。专业大户更多的是围绕某一种农产品从事专业化生产,在规模上明显大于传统农户或普通农户;而家庭农场一般都是独立的农业法人,土地经营规模较大,土地承包关系稳定,生产集约化、农产品商品化和经营管理水平较高。普遍来讲,家庭农场和专业大户的不同点包括市场身份、产权登记、劳动力构成、机械化水平、经营者管理水平。

身份不同。工商注册登记是市场管理的需要,是市场经济中获得市场主体资格的前提条件。家庭农场必须到工商管理部门进行登记注册,以此获得合法的市场主体地位,而且家庭成员是家庭农场的法人代表;专业大户的身份则没有明确的界定,且无须到工商管理部门注册。没有到工商管理部门进行登记注册的家庭农场本质上就是专业大户。

产权的清晰与模糊。家庭农场不管是自有土地还是流转过来的土地,一般都进行过确权登记或者与流转者签订土地经营权合同,也就是说经过家庭农场注册过的土地其产权更加明晰。而专业大户的产权问题就相对模糊,有的与土地流转者签订流转合同,而有的则没有,只是口头上的协议,因此,专业大户在生产经营过程中更容易因土地权属不清出现大户与流转者之间的矛盾。

劳动力不同。家庭农场在农业生产过程中主要以家庭成员为主要劳动力,雇工数量相对较少;而专业大户则以雇工为主要劳动力,家庭成员参与生产的相对较少。专业大户可以根据自己的实际生产经营状况选择雇佣合适的劳动力,而且自己也可以不参与,或者主要从事经营管理工作,而家庭农场的家庭成员要自己参与生产过程,还要自己从事农场的经营管理工作。

机械化水平不同。因为家庭农场主要以家庭成员作为劳动力参与到农业生产中去,因此,在雇工数量较少的情况,对机械化水平的要求相对较高,家庭成员对各种机械熟练掌握的程度也高。而专业大户主要通过雇工进行生产活动,在雇工能够完成的情况下很少考虑提升机械化水平。其实,这个道理很简单,主要是在干相同农活的情况下,干活少的人和干活多的人要同时干完,人少的必须通过机械化操作,提高劳动效率才能干完,由此也可以看出家庭农场的机械化水平更高。

经营管理水平不同。家庭农场与专业大户都是农业分工的产物,且不是简单意义上的产供销相互分工,而是生产、供应、销售等环节的再次分工。专业大户大多在某一环节从事经营管理,其注重突出农产品的特点,而家庭农场则在某几个环节进行生产经营,其经营管理的项目相对较多,因此,其经营管理水平相对于专业大户更高。

三、专业大户的优势

专业大户具有发展早、数量多、贡献大的特点。发挥专业大户的带动作用,是实现农民增产增收,实现农业产业转型升级的重要途径。

1984年1月1日中共中央发布的《关于1984年农村工作的通知》中提到,在继续稳定和完善联产承包责任制的同时,如何能够将耕地向种田能手集中。而在20世纪80年代末,我国江苏南部地区的部分种田或养殖能手就开始通过承包或转包较大面积的土地实行不同于分散经营的规模经营,并成为最早的一批专业大户。此后,伴随着农村商品经济的不断发展以及工业化进程的加快,越来越多的农民选择走出农村,从事工业。而农民脱离农业为专业大户的发展提供了平台,越来越多的专业大户在农村出现。

专业大户经过30多年的不断发展,其规模不断扩大。据农业部统计,截至 2012 年年末我国共有经营规模在 100 亩以上的专业大户 270 多万户,覆盖了粮食种植、经济作物种植、畜牧养殖、农机服务、经纪服务等农业生产服务的全产业链。

(一)符合当前农村实行的以家庭承包经营为基础的基本经营制度

专业大户实质上是在家庭承包经营的框架内,通过投入要素的增加和组合的优化,使家庭经营的容量得到有效的扩充和提升,是在家庭内部开发致富的新领域。有些地方的农民之所以反对改变承包关系连片集中土地办园区,主要是因为主体错位,把原本是土地主人的农民变成了园区的雇佣,农民享受不到发展成果。而有些人只看到表面现象,认为这样做是把城市资本(或者外资)引入农村,农民变成工人,既收田租又领工资,是"双赢"。实际上这是"双输",因为田租多数是按种粮食而不是经济作物的利润计算的(每亩 300~500 斤稻谷),普遍低于当地平均水平,工资也是以能雇到工为标准,能低则低,结果大量利润流出农村。正如农民说:"即便园区长出金子,农民拿到的也只是死猪仔价。"在建设现代农业中,必须坚持把家庭承包经营作为制度基础,只有这样,农民的合法权益才能得到切实的保障,这是专业大户之所以优胜于其他发展模式的关键所在。

(二)推动了农村商品生产,促进农业结构升级转型

专业大户生产的目的不是为了自给,而是为了交换,是面向社会生产,他们集人力、物力和财力为一体,生产规模不断扩大,专业技术和经营水平不断提高,从而大大提高了劳动生产率和商品率。面对耕地稀缺的现实,专业大户在努力提高土地利用率的同时,把重点放在非耕地经营上,大力发展资金、技术、劳动密集型的畜禽、水产养殖业和水果、蔬菜等园艺业,走出一条节地、增资、增劳的路子。

(三)促进了土地流转

专业大户的发展,突破了"小而全"的经营方式,注重社会分工、生产分工和专业协作,有利于土地流转,促使土地由零散经营向规模经营转

变,规模经营效果日益显现。

（四）发挥辐射带动效应

专业大户的不断发展,一方面加速了农村劳动力的转移。专业大户的规模经营,使一些农村劳动力摆脱了土地的束缚,从农业生产上解放出来,转移到其他产业。另一方面,专业大户带动了其他大户的成长。专业大户先进的经营理念和先进的种植技术,对周围大户起到了示范作用,带动了各类专业大户的涌现。

（五）实现平民百姓的致富愿望

农民增收难,难就难在中下阶层。这些人底子薄,门路窄,外部关系少,经商办厂几乎不可能,外出打工又赚不到大钱,创办种养大户则给他们带来新的发展机会。一是技术要求不那么高。农业是农民的老本行,只要不怕苦,肯钻研,技术问题是难不倒他们的。二是资本不需要那么多。农业的设施可以因陋就简,也可以劳动力替代,还可以边生产、边积累、边扩大,大体有 5 万～7 万元就可以启动了。三是关卡不那么多。农业是国家重点保护的产业,生产环节的各种税费都取消了,还享受许多优惠政策和扶持措施。专业大户的机械化作业以及采取统防统治等措施,不仅减少了种地成本,而且土地规模经营收入增加,促进了农民的增收。同时,专业大户在规模化经营过程中,使用了大量的农村劳动力,使他们在从事农业生产的同时多了一份雇工工资收入。

（六）符合专业化的发展方向

在农村城镇化、工业化过程中,农户的兼业化经营行为将是一种普遍而又要持续很长一段时间的现象。兼业行为的长期存在是造成农业低效益的重要原因,特别是农业在兼业户眼里被认为是"扁担鼻外"的项目,可有可无,因而越来越被边缘化。如何减少兼业户、缩短兼业过程是农业稳定发展、农民持续增收的关键。除了加大工业化力度外,发展农业专业大户不失为一种良策。

以龙文区后坂村为例,这个村通过发展民营企业,在实现 85% 的劳动力农转非的情况下,种菜的、养猪的、养鱼的、培育食用菌的各种专业大户应运而生。结果,"村里机器隆隆响,田里蔬菜一片青",2001 年同 1985 年相比,农业户从占总农户的 73% 减少到 17%,农业产值从 104.8 万元增加到 400.6 万元,农业劳动生产率从 1785 元/人·年提高到 14846 元/人·年,2001 年,农业户的人均纯收入为 5626 元,达到全村的平均水平,其中 40 个(占总农户 6%)专业大户人均达到 7600 多元,他们出售的农产品占到全村农业总商品量的 70%。可见,发展专业大户是农村工业化之所需,也是建设现代农业之所求。

专业大户这些优势的发挥离不开农业技术的推广与运用,农业技术推广帮助其更好地实现规模化、产业化、专业化。并且专业大户这些优势也会助力农业技术的推广与运用,让农业技术得到实践,通过其示范与规模,带动更多的农民学习和运用农业技术。

第二节　专业大户农业技术推广的困境

专业大户在农业技术推广上的困境主要表现在其在农业技术应用上的缺失,缺乏相应的资金加强基础设施的建设,缺乏学习和运用农业技术的意识。而这一困境背后是专业大户相较于龙头企业和合作社,其在市场上的弱势,资金周转上的困难,以及缺乏农业技术的运用。这些困境在专业大户的发展过程中又互为因果,阻碍其发展。

一、风险高

专业大户在生产过程中主要存在市场风险高、自然风险高以及信贷风险高等问题。市场风险高主要是由于专业大户虽然具有一定的经营规模,但比起龙头企业或者强大的合作组织,其自身实力还是差很多,在市场上没有话语权,农产品的市场价格容易受其他组织的影响,导致质优价廉。自然风险高主要是由于农业生产受自然条件的影响较大,一场干旱可能导致专业大户一年的收成为零。信贷风险高主要是由于农业生产受市场条件和自然状况的影响大,容易导致某一年收成的减少,从而导致资金链的断裂,还不上贷款。另外,农业保险的保额相对较少,其数额远远不能满足因市场风险、自然风险等因素造成的损失,这也无形中增加了专业大户的信贷风险。

二、成本高

随着城镇化的不断发展,专业大户的生产成本逐步增高,其主要表现在两个方面:一是土地流转成本高。近年来,随着合作社和家庭农场的不断发展,土地的规模经营越来越多,但土地流转资源相应减少,农民出现了"惜地"现象,他们认为土地作为重要的生产资料,价格会越来越高,在其非农收入稳定的情况下,他们不愿意以低价格将土地流转出去。另一方面是雇工劳动力成本增加。越来越多的年轻人开始脱离农业,脱离农村,选择进城务工或者做生意,而留守在农村的劳动力越来越少,农民对雇工的价格要求也就越高。甚至有的时候,都会出现专业大户想以高工资雇工却无工可雇的现象,不得已专业大户不得不通过区域合作,从别的区域调集雇工,成本增加厉害。

三、融资难

专业大户融资难问题主要体现在两个方面,一方面由于不少专业大户生产规模小,农产品缺少特色,技术含量低,再加上农业回报周期长,回报率低,致使一些工商资本不愿进入,导致融资困难。另一方面,由于授信担保困难、申请手续烦琐、隐形交易费用高等问题,专业大户很难从银行获得贷款,导致融资困难。

四、基础设施不到位

专业大户发展农业生产所需的基础设施不全,也阻碍了大户的发展,比如与农业生产相关的道路、水利等基础设施不全,由于专业大户自身能力有限,靠其自身力量是解决不了的。还有,种植大户因其规模经营的缘故,在粮食收上来以后,晾晒场或烘干设备的缺失,导致粮食晾晒难。

第三节　专业大户农业技术推广发展的对策建议

针对专业大户的发展困境,不单单是经营者需要着手解决,当地的政府也应当给予关注和支持,通过适度经营打造根基,通过特色打造品牌,通过农技推广实现规模化,通过组织化形成合力,在众人的合力配合之下,解决生计问题,达到致富,助推乡村经济发展。

农业技术的应用对于专业大户的发展可以作为一个突破口;这一突破口离不开整个经营关系系统的配合。当农业大户的发展环境呈现为良性互动的时候,农业技术的推广会变得更加顺畅,而这也会成就农业大户的发展。

一、规模适度

对专业大户而言,经营多大规模取决于经营能力、资金实力、应对市场能力、承受风险能力等多种因素,需要一个逐渐积累、逐渐成长的过程。因此,专业大户的发展不能以大为目标,必须追求适度规模经营。因为不同的专业大户判断其适度规模的标准不统一,如种粮大户往往以种植面积的大小进行确定,而养殖大户往往以养殖数的多少进行确定,标准的不统一对适度规模的总体判断也会存在影响,因此,规模适度可以对经济方面进行判定,在经济上的判定可以从两个方面进行:

（一）专业大户的收入水平与城镇居民的收入水平持平或高于城镇居民的收入水平

专业大户的纯农收入水平如果等于或高于城镇居民的平均收入水平,就可以说专业大户通过适度规模经营实现了盈利,实现了增收,出现了规模效应。

（二）专业大户的收入水平达到农民平均收入水平的一倍以上

某个地区专业大户的收入水平达到该地区农民平均收入水平的一倍以上,我们也可以说,该专业大户实现了适度规模经营,促进其自身的增收。

二、水平上移

（一）产品特色化

专业大户应发挥农产品的天然优势,找准产品特色,并形成最有竞争力的农产品。"特色＋规模"才能形成农业区域经济,这也需要把专业大户纳入到区域化规划中,实现从"一户一品""一村一品"上升到"一县一品"或者"一市一品"。特色农产品的发展,必须注重三点:一是要考虑产品能否产出来、卖出去,以及专业大户是否愿意种;二是要坚持产业配套,做到产供销一条龙、种养加一体化、贸工农三结合,突出一品,突出特色,形成完整产业链;三是要发展循环农业,注重经济效益、生态效益以及社会效益的统一。

（二）产销集约化

专业大户应加强生产要素的合理配置和集约投入,促进规模化、集约化生产。同时,更为重要的是要实现销售环节的集约化,即采取农超对接、农社对接、农食对接、农校对接等方式,减少中间流通环节,近距离对接消费者,降低成本,增加效益。

(三)运营组织化

在市场竞争日益激烈情况下,越来越多的专业大户应逐渐放弃"单打独斗",逐渐形成"规范发展"和"抱团发展"的格局。可以转型升级为家庭农场,可以领办或联办、参加农民合作社,通过组织化的运营,实现规模效应和品牌效应,通过组织化运营,降低生产和交易成本,降低市场风险。

(四)作业机械化

为了适应规模化生产需要,专业大户必须提高机械化程度,此外,随着雇工成本的增加,专业大户也必须通过提高机械化程度来降低生产成本。作业的机械化应该实现"五机"统一,即实现作业机械化的统一机耕、统一机播、统一机防、统一机收、统一机烘。

专业大户对农业技术的需要按照需求重要性排序为:节水技术、节肥技术、节药技术、精准施肥灌溉、病虫害灾情预警、土壤改良、测土配方施肥、病虫害防治、加工包装、农药残留检测、储存运输、农业机械化、二维码质量溯源、农产品包装。

农业技术推广需要充分考虑技术采用主体基本情况,不同经营主体农业生产目的不同,从而技术需求存在差异。在农技推广下乡之前,要提前预调查,了解该地区不同经营主体的技术需求,提高技术推广的针对性。

三、定位调整

农业从业人员的老龄化,劳动力成本、土地流转成本高以及风险控制能力弱等问题都促使专业大户要尽快对定位重新调整。专业大户牵头组建的合作社在一些地区已成为合作社的主要形式,这些合作社的经营者往往同时也是专业大户。专业大户可以户户联合形成合作社,他们之间可以是横向的同质联合形成合作社,也可以是纵向的异质联合形成合作社。此外,作为专业大户的升级版或高级形式,家庭农场也是专业大户的转移或发展方向。

四、谋划新局

（一）创新模式，破解土地流转难题

破解土地流转难题，首先要创新土地流转模式，积极探索完善"股份＋合作"的流转路子和"底金＋分红＋劳务收入"的分配模式，密切大户和农民的利益联结关系，实现合作共赢；其次，要积极培育土地流转交易市场，让土地高效流转，解决土地流转协商时间长、签约成本高等问题；最后，要实现土地流转的信息化、网络化管理，提高土地流转服务水平，及时发布土地流转信息以引导土地流转。

（二）转变观念，平等对待专业大户

总体来看，我国农业生产经营主体将长期存在着多层次、不平衡的情况，既有龙头企业、合作社等实力相对较强的新型农业经营主体，也有家庭农场、专业大户等实力相对较弱的新型农业经营主体，还有一般农户或普通农户等实力弱小甚至没有实力的传统农业经济主体。这就要求国家在制定政策时，既要追求效率、鼓励先进，促进龙头企业、合作社做大做强；也要兼顾公平、救济贫弱，对家庭农场、专业大户和大量的一般农户给予关注扶持，通过多种途径提升他们的发展能力和生活水平。尤其最近国家政策在向与专业大户平级的家庭农场转移时，要综合考虑专业大户对政策的需求过程。

（三）完善政策，促进专业大户做强

各级政府以及相关部门可以通过三方面来完善政策，促进专业大户做强、做大。一是"推"，各级政府以及相关部门对专业大户的发展要加强组织领导，制定符合本区域的扶持办法，推动专业大户的快速发展；二是"扶"，各级政府以及相关部门通过完善贷款担保、抵押办法，帮助专业大户解决融资困难，优化专业大户发展的软环境，确保专业大户发展快、效益好、能壮大；三是"帮"，各级政府以及相关部门应充分发挥各部门职能作用,指导专业大户做好产业规划,将重点项目、扶持资金向其倾斜,增加基础设施建设,并做好产前、产中、产后服务,帮助解决发展中的难题。

(四)加强培训,提升专业大户素质

只有高素质的生产者才能成为高生产技术的实践者,只有高素质的管理者才能成为产业发展引导者,因此,应培养一批"有学历、有技能、懂管理、善经营"的高素质专业大户,使其带领广大农民走上科技兴农的道路。为此,必须实施"走出去""走进去"以及"走上去"的培训战略。"走出去"是指专业大户应摆脱地域限制,多到农业发达或者专业大户发展较好的国家和地区进行实地学习,学习人家先进的实践经验和做法;"走进去"是指专业大户必须走进校园,通过高校培训班的培训,提升自己的理论知识水平;"走上去"是指专业大户必须通过培训了解学习高级形式的家庭农场和合作社,明确自己是否能够具备发展成为家庭农场和合作社的条件,为其下一步做强、做大做好准备。

第四节 专业大户农业技术推广的工作创新案例

本章节选取了两个案例,其中不单单包含专业大户与农业技术推广工作的结合,读者在参考的时候应更多地带着整体性、综合性的思路去理解案例。

案例1:线带厂老板返乡养殖,带领村民脱贫致富

20世纪80年代初出生的张安民,是家里最小的儿子,小学毕业就当了一个放牛娃。

15岁那年,看着镇上外出闯世界的人挣钱回家盖楼房,张安民也跟

着南下东莞打工。住桥洞、睡马路、喝自来水、啃馒头充饥……不怕吃苦的张安民最终安定在一家台资线带厂打工。对于来之不易的工作，张安民异常珍惜，别人上班时他在思考如何提高效率，别人下班时他在无偿加班，终得老板认可，从小组长、科长、车间主任一直干到主管生产的副总，年薪数十万元。之后，摸清了生产规律和市场需求的张安民，自立门户开办线带公司，在家乡招工60多人，经过数年的苦心经营——他慢慢积累了数千万的资产，成为家乡人心目中的骄傲。

2014年年底，张安民荣归故里，也准备像致富了的乡亲一样，盖一栋大房子。"张总，能否回乡创业，带领父老乡亲共同富裕？"镇里主要领导做张安民的思想工作。贫困，戳中了张安民家乡情结中最敏感的痛点，父亲也赞同他尽可能回报桑梓。张安民当即决定返乡投资。决定易做，项目难选。在家乡再开一家线带厂的话，虽可方便乡亲们就地打工，但成本太高，不划算。"小时候放过牛，现在不是可以利用资源优势规模养牛？"父亲的话点醒了张安民。"水源地不太适合一般工业生产，而且养牛可带动农户的发展。"说干就干，他从山东、河南等地一次性引进"西门塔尔"和"利木赞"母牛75头，并购回相应的饲料加工机械。自2015年以来，仅建牛栏、购买技术等硬性投资就有上千万元，目前养牛规模500头左右，成为远近闻名的养牛大户。

在管理上按照专业人做专业事的原则，张安民聘请大学生陈余全面负责管理。陈余在养牛车间安装监控设备、音响，为牛放音乐，在养殖技术上实行饲料统一、防疫统一和管理统一的"三统一"养殖模式，并辐射到大木厂镇的各个村。实行"公司＋基地＋农户"的管理办法，解决特困人员就业20多名，分别从事收购饲料、加工饲料、粪肥处理、肉牛接生、人工授精等工作。目前张安民已经注册了养牛专业合作社。

"我们从法国进口的原种冻精，保证了牛的品种优势，一年就可出栏。"陈余介绍。

张安民告诉记者，养殖业一般需要3年以上才能盈利，但合作社养牛品种选得好,管理得当,去年就开始盈利,开局喜人。"今年我们的目标是养殖规模达到1000头以上,在已带动100多户增收的情况下有望再翻一番。"张安民说,一切顺利的话,过两年将在镇里建一个屠宰加工厂,为山区的扶贫工作做出更大贡献。

经验总结:从上述案例中可以看出专业大户的发展离不开政府的支持,也离不开经营大户管理经验的积累。选择优质的品种,聘请专业人士来打理,成立合作社,带动村里的村民加入合作社,提供技术支持,努力实现产销集约化,运营组织化。当然各位读者不能只看到其成功的形式,更要看到其成功的本质。张安民本身的财富积累和能力才干是至关重要的,在实践的过程中,需要不断地积累,向周围的人取经,学习他人成功背后的努力和艺术。

案例2:福建漳州专业大户调查经验总结

学者纪永茂和陈永贵根据福建漳州市11个市级农村固定观察点230个农户十几年来的跟踪调查数据,分析了农业专业大户在管理和经营过程中的经验,辅以案例的形式,提出以下几点建议。

(一)依靠市场力量推动专业大户的发展

专业大户的形成,从本质上讲是自然资源和生产要素向优势产业(产品)和经营能手聚集,这就需要通过培育各类市场,促使资源和要素能按照效益原则,在农户间、地区间、产业间自由、合理流动,当前特别要注意搞活劳动力、资金、土地"三要素"。

1.劳动力要自由流动

发展专业大户后,农业的季节性特点和忙闲不均的矛盾更加突出。2006年9月份在调查农民工工资上涨情况时发现,涨幅最大的是农业季节工和临时工的工资,平均上涨40%,高的近一倍,比在企业就业的工资涨幅高出28个百分点。这并非农村劳动力总量短缺而是忙闲不均的结构性矛盾造成的,一定要根据这种新动向引导农民工的自由、合理流动。

据观察点记载,农业大户发展快的地区,在外出劳务总量中农业方面的劳务占到30%左右,一般地区也在20%~25%,因此,不仅要鼓励农民工进城入工厂,还要组织他们上山下乡打农业工,可以根据不同农户、不同地区的农业季节性特点,有组织、有计划地开展有偿劳务协作或以工换工,缓解忙闲不均带来工价暴涨暴跌的矛盾。同时,要把有技术特长的农民组织起来,建立起各种劳务专业队,在农户分业的基础上实现劳动力进一步分工。

例如,平和县围绕蜜柚生产经营全过程,许多村镇都分别组建育苗、嫁接、整地、定植、修剪、喷药、采运、分级、包装、打蜡、搭架和代购代销等专业队,在不同的农事季节活跃在田间地头,既提高工效,又方便农民。

2. 耕地要自由流动

原来郊区、平原是农产品加工企业的密集区,也是加工原料的主要生产基地。近年来,随着这里地租、劳动力价格的提高,许多大户纷纷拿着订单、技术和资金,到地租、劳力相对便宜的内地、山区租地,雇工开发建设原料基地。为了方便这种远距离、大批量的土地流转,在那里出现了一些专门从事耕地转包转租穿针引线的经纪人——"田媒人"。这些人大都是情况比较熟、有威信、群众信得过的当地农民,谁要租出、谁要租入,都乐意找他登记,他随时根据供求信息介绍双方见面,租赁条件由双方直接议定,成交后付给一定介绍费。也有接受当事人委托,专权代理租赁业务的。这些人都是凭个人能力,按市场规则办事,不靠权势,不搞强制,因此,能较好地贯彻自愿互利、平等交易的原则,很少出现矛盾和纠纷,很受群众欢迎。漳浦县石榴镇"田媒人"出现较早,几乎每个村都有,一位"田媒人"多的代理租赁一二千亩地,有跨乡镇的,跨县(市、区)的,还有跨省份的。

3. 资金要自由流通

农业大户的发展给农村融资活动带来新的需求,融资如果再不放宽、搞活,势必把大户"憋死"。在金融问题上不能再继续做对不起农民的事,执行对不起农民的政策了。银行、信用社应积极主动同专业大户建立信用关系,允许他们用猪场、鱼塘、虾池、果茶园、活立木作为贷款的抵押物。要积极帮助大户建立专业合作经济组织,包括农民专业合作社、行业协会和产业化经营组织,并允许这些组织在内部开展资金互助活动。只要不是集资诈骗、洗钱、赌博,各种融资方式都应该允许。对行社来说,"帮大户就是帮自己",应该在发展专业大户中起到助推器的作用。

(二)通过区域化引领专业大户的发展

区域化是现代农业的基本要求,在大力发展专业大户的同时,要同步推进区域化布局,逐步实现产品特色化、布局区域化、生产组织化。

1.产品特色化

所谓特色产品就是能最充分体现当地资源优势的农产品。资源优势是一种天然优势,是最有竞争力的。要找准产品特色,首先要弄清资源特点。漳州气候优越,但人多地少,优势在"天"而不在"地",打好南亚热带海洋性季风气候这张牌,打造出带有这种鲜明气候烙印的特色产品体系,是全面提升漳州农业核心竞争力的关键所在。一要充分利用"冬季天然大温室",大力开发冬季农业。漳州冬天几乎无霜日、无台风,是"暖冬"又是"稳冬",20世纪八九十年代之所以能成为全国小有名气的创汇农业地区,就是得益于大规模的冬季农业开发,使这一季度所提供的出口农产品占到全年创汇农业总量的一半以上,其中,出口蘑菇罐头占全国的25%,全省的50%。现在,技术更发达、市场更广阔,开发水平一定会更高。二要紧紧抓住"南亚热带最北的这一块宝地",打好亚热带与温带相交接的"擦边球",一面发展晚熟的亚热带作物,一面生产一些早熟的温带作物,近年来晚熟荔枝和早熟杨梅、枇杷越卖价越好,说明这一设想将变成现实。三是利用高丘、低山地带(海拔400~800米)夏季气候凉爽、日夜温差大、阳光充足、雨量充沛的特点,发展反季节蔬菜,即冬季菜种在夏季种植,既可补充城市蔬菜市场的"夏淡",又能增加当地农民收入,应该考虑把郊区蔬菜基地往这里搬。漳州农业历史悠久,得天独厚的气候条件孕育着许多传统名、优、特产品,这些产品代表着各个年代经济社会的发展水平,大都种性很好,是祖先留下来的一笔历史遗产,但因为种种原因,现在大都已经严重退化,甚至濒临绝种,必须有计划、有组织地进行抢救性发掘,这应该成为选择特色产品的一条重要途径。平和县"琯溪蜜柚"皮薄、汁多、味香、粒大、耐贮藏,是清乾隆年代的"贡品",但到 20 世纪 80 年代初,全县只剩下 200 多亩。经过专家论证,认定应作为脱贫致富的拳头产品来开发,于是拨出专款,组织专门力量,在全面普查的基础上,进行筛选培育,提纯复壮,并大量繁殖推广,经过几届领导十几年的不懈努力,现在已发展到 40 多万亩,2006 年总产达 50 多万吨,产值达 10 多亿元,农民人均纯收入 4453 元,其中一半以上来自蜜柚,在一些专业村、专业镇占到 70%～80%。

2.布局区域化

"特色＋规模"才能形成块状或带状的农业区域经济。这就要求把专业大户的发展纳入区域化布局的轨道,从"一户一品"上升到"一村一品""一镇一品"甚至"一县一品",实现大户的经营基础,村、镇、县的市场规模。因此,必须对各种特色产品的布局进行科学规划。漳州农民在长盛不衰的农业开发中为这方面的工作积累了丰富经验。一是要用比较优势的原则指导规划。不仅要考虑产品能否生产出来、卖得出去,还要考虑农民是否有利可图、愿意不愿意生产。这就是说,生产什么要与当地的经济发展水平相适应,以能否取得当地社会平均利润为标准,只有达到或者超过了当地社会平均利润农民才有生产的积极性。这几年一些劳动、土地密集型的项目例如甘蔗、蔬菜和一些经济作物从郊区、平原往内地、山区迁移,就是这个道理。二是要坚持产业配套,做到产供销一条龙、种养加一体化、贸工农三结合,突出一品,兼顾其他,形成完整的产业链,不要把专业化变成单一化。三是要发展循环农业,注意主副产品和废弃物的综合利用,实现经济效益、生态效益、社会效益的三统一。

3.生产组织化

大户的发展最终要在与市场对接的环节上实行联合与合作。龙海市庄林、磁美两村,改革开放后在各级政府和有关部门的扶持下,依靠养猪大户带动,到本世纪初就发展成为闽南闻名的母猪生产专业村,两村共存栏母猪5000多头、菜猪4000多头,专业大户有200多户。但是,由于大家"自扫门前雪,不管他人瓦上霜",造成了污水乱排,猪粪乱晒,药瓶乱扔,病死猪乱丢,特别是销售上,热销时以劣充好,滞销时又削价竞销的现象。在"谁也管不了谁"的时候,大家盼望着有一个组织来管理,于是,在70多个大户的策划下,经过所有养猪户反复协商,自发成立了"庄林磁美养猪协会",并把协会会员一致通过的《养猪卫生防疫管理规定》用铝合金制作成大型警示牌竖立在各个路口。之后,协会又配合镇兽医站在村前设置消毒室和检疫点,对所有进出村的生猪及其运输工具进行严格的检查和消毒。协会还指定专人用电脑搜集各地生猪饲养和市场信息,根据供求情况提出各个阶段猪苗、菜猪的销售价格供会员参考。这些制度的实施,使各猪场的卫生环境、安全环境和交易环境大为改观,生猪饲养量随之大幅度增加,全年可提供仔猪10万多头、菜猪2万多头、种猪2000头。这两村的养猪从专业户、专业村到专业合作组织所经历的"三部曲"说明,建立在分户经营、独立核算基础上的专业大户,要实现和睦相处、共生共荣,这"三部曲"是绕不过的。应该以专业合作组织为载体,把专业大户网罗起来,对内统一服务、协调管理,对外合作购销、沟通谈判,这样把"统和分"两方面的优越性都发挥出来,主体地位更突出,力量也就更大了。

参考文献

[1]王守国.农业技术推广[M].中国农业大学出版社,2012:2—7.

[2]徐富森.现代农业技术推广[M].浙江大学出版社,2011:90—92.

[3]杜丽华.加强农业技术推广体系建设的对策[J].中国农学通报,2011(11):176—180.

[4]周腰华,姚园媛.我国农业技术推广创新体系建设研究探讨[J].农业经济,2008(1):91—92.

[5]黄季焜,胡瑞法,孙振玉.让科学技术进入农村的千家万户——建立新的农业技术推广创新体系[J].农业经济问题,2000(4):17—25.

[6]陈辉,赵晓峰,张正新.农业技术推广的"嵌入性"发展模式[J].西北农林科技大学学报(社会科学版),2016(01):76—80.

[7]王文玺.世界农业推广之研究[M].中国农业科技出版社,1994:5—21.

[8]唐万林,华志刚等.农业技术推广主要形式和方法研究[J].农民致富之友,2016(1):206.

[9]尹昌斌,赵俊伟等.基于生态文明的农业现代化发展策略研究[J].中国工程科学,2015(8):97—102.

[10]宋洪远.转变农业发展方式加快推进农业现代化[J].中国发展观察,2015(02):7—10.

[11]吴国华.加强农业技术推广促进农业现代化发展的措施研究[J].农业与技术,2018(20):142.

[12]黄云,徐水元.论基层农业技术推广与应用的现状及对策[J].农家参谋,2018(17):20.

[13]王力坚,杜永林等.我国农业科技推广体系的现状与发展对策[J].安徽农业科学,2013(13):5998—6000.

[14]中华人民共和国农业部组.农业推广技巧100问[M].中国农业出版社,2009:2—3.

[15]高启杰.农业推广学案例[M].中国农业大学出版社,2008:84—88.

[16]农业农村部2021年认定第七批国家重点龙头企业,附申报全流程、申报材料及条件要求[EB/OL].惠农补贴政策项目申报微信公众号,2021-3-03.

[17]蒋黎.我国农业产业化龙头企业发展现状与对策建议[J].农业经济与管理,2013(06):5-11,20.

[18]崔宝玉,刘学.我国农业龙头企业经营效率测度及其影响因素分析[J].经济经纬,2015(06):23-28.

[19]刘光哲.多元化农业推广理论与实践的研究[J].西北农林科技大学,2012:61-63.

[20]孙立.高校—企业科技合作动力机制初探[J].南京理工大学学报(社会科学版),1995(05):63-66.

[21]高启杰.农业推广组织与创新研究[M].社会科学文献出版社,2009:39,74,109,134,138-139,165.

[22]沈贵银,张应禄,姜梅林,刘振虎.农业企业主导的农业推广服务特点与模式分析[J].中国科技论坛,2007(11):71,120-122.

[23]卞恺润.企业主导型农业推广模式研究[J].南方农机,2017(08):106,117.

[24]李东,卢小磊,张万福,赵翠媛,陶佩君.农业产业化龙头企业农技服务活动的农户满意度测评[J].农业技术经济,2011(08):89-95.

[25]马雨蕾,李宗璋,文晓巍.农业龙头企业与农户间技术知识转移绩效影响因素分析——基于转移双方意愿及能力的实证研究[J].科技进步与对策,2013(05):128-132.

[26]付勇,李夕军,李瑜玲,赵彦坤等."4C"农资连锁农业科技推广服务体系的发展研究——以石家庄大地种业有限公司为例[J].河北农业科学,2013(04):87-90.

[27]肖丽.企业型农业推广模式案例实证分析——以孝感市伟业春晖米业公司为例[J].现代农业科技,2015(03):318,320.

[28]农业农村部农村合作经济指导司.全国农业社会化服务典型案例2020年[M].中国农业出版社,2020:2-4,22-26.

[29]杨天荣,李建斌.农民专业合作社创新发展问题研究——基于农业

技术应用的视角[J].西安财经大学学报,2020(06):84-92.

[30]张宏岩.我国农民专业合作社发展现状及对策研究[J].新农业,2021
(09):79-80.

[31]周其仁.真实世界的经济学[M].北京大学出版社,2006:263.

[32]李博,左停等.农业技术推广的实践逻辑与功能定位:以陕西关中地
区农业技术推广为例[J].中国科技论坛,2016(01):150-153,160.

[33]王亚鹏.农业技术经济学[M].高等教育出版社,2003:93.

[34]王进,赵秋倩.合作社嵌入乡村社会治理的模式与动力问题研
究——基于西北地区的调查样本[J].理论导刊,2016(06):63-66.

[35]陈夏莉.我国农业推广体系现状、存在问题与对策建议[J].广东农业
科学,2011(16):175-177.

[36]胡平波.支持合作社生态化建设的区域生态农业创新体系构建研究
[J].农业经济问题,2018(11):94-106.

[37]费孝通.乡土中国[M].北京出版社,2005:42-44.

[38]李庆伟,袁安友等.农业技术的经济学特性分析[J].中国农学通报,
2010(17):455-458.

[39]高启杰.农业科技企业技术创新能力及其影响因素的实证分析[J].
中国农村经济,2008(07):32-38.

[40]刘华彬.为技术而生,因推广而兴——记安徽省志阳新型农业技术
推广专业合作社[J].中国农民合作社,2017(06):45-46.

[41]郭熙保,龚广祥.家庭农场农业新技术采用行为的空间依赖性研究
[J].社会科学战线,2021(03):93-100,281.

[42]王姝逸,杨靖峰.浅谈示范户在农业科技项目推广中的作用[J].天津
农林科技,2012(03):39-41.

[43]蔡荣,汪紫钰,杜志雄.示范家庭农场技术效率更高吗?——基于全
国家庭农场监测数据[J].中国农村经济,2019(03):65-81.

[44]浦东新区"家庭农场生态农业技术集成示范"项目通过验收[N].东
方城乡报,2018-7-17:A7.

[45]倪东衍,刘玉军.廒上贡米"味稻"飘香——记青岛廒上米田家庭农
场主王飞[J].农民科技培训,2021(06):34-36.

[46]农业农村部农村合作经济指导司.全国农业社会化服务典型案例2020年[M].中国农业出版社,2020:123－125.

[47]郭亮,刘洋.农业商品化与家庭农场的功能定位——兼与不同新型农业经营主体的比较[J].西北农林科技大学学报(社会科学版),2015(04):87－91,128.

[48]纪永茂,陈永贵.专业大户应该成为建设现代农业的主力军[J].中国农村经济,2007(S1):73－77.

[49]论农业产业化[N].人民日报,1995－12－11:1.

[50]张剑军.区域农业产业化经营与可持续发展的理论研究与实证分析[J].天津大学,2005:4,146.

[51]牛若峰.农业产业化一体化经营的理论与实践[J].中国农业科技出版社,1998:15.

[52]陈吉元.关于农业产业化的几点看法[J].浙江学刊,1996(05):51－54.

[53]付学坤.农业产业化经营与县域经济发展研究[J].四川大学,2005:10－11.

[54]雷俊忠.中国农业产业化经营的理论与实践[J].西南财经大学,2004:16－17,48－73,97.

[55]李德立.中国农业产业化经营的品牌战略研究[J].东北林业大学,2006:43－45.

[56]谢兰兰.城郊型农业主导产业优选模型研究——以桂林市雁山区为例,山东农业大学学报(自然科学版),2016(04):616－622.

[57]尹成杰.关于农业产业化经营的思考[J].管理世界,2002(04):1－6,87.

[58]《中国农民基本常识读本》选登(廿一)[J].农村财务会计,2001(11):52－54.

[59]蔡志强.农业产业化经营龙头企业制度研究[J].中国农业大学,2004:41－51.

[60]弓峰山.对建立农村专业合作组织的认识和思考[J].商场现代化,2008(26):384－385.

[61]赵海燕等.家庭农场主的成功秘诀[M].中国农业出版社,2020:3－4.

[62]郭亮,刘洋.农业商品化与家庭农场的功能定位——兼与不同新型

农业经营主体的比较[J].西北农林科技大学学报(社会科学版),
2015(04):52—53.

[63]唐润芝.龙头企业与农户的联结模式及利益实现[J].重庆社会科学,
2011(12):44—49.

[64]姜长云.推进乡村振兴背景下农业产业化支持政策转型研究[J].学
术界,2020(05):120—127.

[65]邵法焕.农业产业化经营的构成要素与发展类型[J].广西农业生物
科学,2001(04):286—289.

[66]王厚俊.农业产业化经营理论与实践[M].中国农业出版社,2007:7.

[67]童荣萍,土地经营权流转背景下农业社会化服务体系的重构[J].农
业经济,2021(03):15—17.

[68]健全农业社会化服务体系任重道远[N].经济日报,2019—1—14:
012.

[69]陈耀邦.论农业产业化经营[J].管理世界,1998(05):1—3,49.

[70]耿静超,胡学冬.改革开放30周年广东发展农业产业化经营回顾
[J].南方农村,2009(01):10—14.

[71]黄连贵,张照新,张涛.我国农业产业化发展现状、成效及未来发展
思路[J].经济研究参考[J].2008(31):23—33.

[72]孔涛,闫迎迎,张海珍.农业产业化经营成效及发展对策[J].现代农
业科技,2012(05):356,360.

[73]全国依法登记的农民专业合作社达204.4万家[N].经济日报,2018
—5—2:14.

[74]钟真.完善利益联结机制,构建企农共赢的命运共同体[N].农民日
报,2020—1—13:B1.

[75]范锡杰,关全力.新疆农业产业化经营发展状况及推进措施[J].安徽
农学通报(上半月刊),2012(23):10—12.

[76]戚振宇.中国农业产业化组织模式优化研究[J].吉林大学,2019:25
—26.

[77]汤吉军,戚振宇,李新光.农业产业化组织模式的动态演化分析——兼
论农业产业化联合体产生的必然性[J].农村经济,2019(01):52—59.

附　录

中华人民共和国农业技术推广法

(1993 年 7 月 2 日第八届全国人民代表大会常务委员会第二次会议通过
根据 2012 年 8 月 31 日第十一届全国人民代表大会常务委员会第二十八次
会议《关于修改〈中华人民共和国农业技术推广法〉的决定》修正)

目　录

第一章　总则

第一条　为了加强农业技术推广工作,促使农业科研成果和实用技术尽快应用于农业生产,增强科技支撑保障能力,促进农业和农村经济可持续发展,实现农业现代化,制定本法。

第二条　本法所称农业技术,是指应用于种植业、林业、畜牧业、渔业的科研成果和实用技术,包括:

(一)良种繁育、栽培、肥料施用和养殖技术;

(二)植物病虫害、动物疫病和其他有害生物防治技术;

(三)农产品收获、加工、包装、贮藏、运输技术;

(四)农业投入品安全使用、农产品质量安全技术;

（五）农田水利、农村供排水、土壤改良与水土保持技术；

（六）农业机械化、农用航空、农业气象和农业信息技术；

（七）农业防灾减灾、农业资源与农业生态安全和农村能源开发利用技术；

（八）其他农业技术。

本法所称农业技术推广，是指通过试验、示范、培训、指导以及咨询服务等，把农业技术普及应用于农业产前、产中、产后全过程的活动。

第三条　国家扶持农业技术推广事业，加快农业技术的普及应用，发展高产、优质、高效、生态、安全农业。

第四条　农业技术推广应当遵循下列原则：

（一）有利于农业、农村经济可持续发展和增加农民收入；

（二）尊重农业劳动者和农业生产经营组织的意愿；

（三）因地制宜，经过试验、示范；

（四）公益性推广与经营性推广分类管理；

（五）兼顾经济效益、社会效益，注重生态效益。

第五条　国家鼓励和支持科技人员开发、推广应用先进的农业技术，鼓励和支持农业劳动者和农业生产经营组织应用先进的农业技术。

国家鼓励运用现代信息技术等先进传播手段，普及农业科学技术知识，创新农业技术推广方式方法，提高推广效率。

第六条　国家鼓励和支持引进国外先进的农业技术，促进农业技术推广的国际合作与交流。

第七条　各级人民政府应当加强对农业技术推广工作的领导，组织有关部门和单位采取措施，提高农业技术推广服务水平，促进农业技术推广事业的发展。

第八条　对在农业技术推广工作中做出贡献的单位和个人，给予奖励。

第九条　国务院农业、林业、水利等部门（以下统称农业技术推广部门)按照各自的职责,负责全国范围内有关的农业技术推广工作。县级以上地方各级人民政府农业技术推广部门在同级人民政府的领导下,按照各自的职责,负责本行政区域内有关的农业技术推广工作。同级人民政府科学技术部门对农业技术推广工作进行指导。同级人民政府其他有关部门按照各自的职责,负责农业技术推广的有关工作。

第二章　农业技术推广体系

第十条　农业技术推广,实行国家农业技术推广机构与农业科研单位、有关学校、农民专业合作社、涉农企业、群众性科技组织、农民技术人员等相结合的推广体系。

国家鼓励和支持供销合作社、其他企业事业单位、社会团体以及社会各界的科技人员,开展农业技术推广服务。

第十一条　各级国家农业技术推广机构属于公共服务机构,履行下列公益性职责:

(一)各级人民政府确定的关键农业技术的引进、试验、示范;

(二)植物病虫害、动物疫病及农业灾害的监测、预报和预防;

(三)农产品生产过程中的检验、检测、监测咨询技术服务;

(四)农业资源、森林资源、农业生态安全和农业投入品使用的监测服务;

(五)水资源管理、防汛抗旱和农田水利建设技术服务;

(六)农业公共信息和农业技术宣传教育、培训服务;

(七)法律、法规规定的其他职责。

第十二条　根据科学合理、集中力量的原则以及县域农业特色、森林资源、水系和水利设施分布等情况,因地制宜设置县、乡镇或者区域国家农业技术推广机构。

乡镇国家农业技术推广机构,可以实行县级人民政府农业技术推广部门管理为主或者乡镇人民政府管理为主、县级人民政府农业技术推广部门业务指导的体制,具体由省、自治区、直辖市人民政府确定。

第十三条　国家农业技术推广机构的人员编制应当根据所服务区域的种养规模、服务范围和工作任务等合理确定,保证公益性职责的履行。

国家农业技术推广机构的岗位设置应当以专业技术岗位为主。乡镇国家农业技术推广机构的岗位应当全部为专业技术岗位,县级国家农业技术推广机构的专业技术岗位不得低于机构岗位总量的百分之八十,其他国家农业技术推广机构的专业技术岗位不得低于机构岗位总量的百分之七十。

第十四条　国家农业技术推广机构的专业技术人员应当具有相应的专业技术水平,符合岗位职责要求。

国家农业技术推广机构聘用的新进专业技术人员,应当具有大专以上有关专业学历,并通过县级以上人民政府有关部门组织的专业技术水平考核。自治县、民族乡和国家确定的连片特困地区,经省、自治区、直辖市人民政府有关部门批准,可以聘用具有中专有关专业学历的人员或者其他具有相应专业技术水平的人员。

国家鼓励和支持高等学校毕业生和科技人员到基层从事农业技术推广工作。各级人民政府应当采取措施,吸引人才,充实和加强基层农业技术推广队伍。

第十五条　国家鼓励和支持村农业技术服务站点和农民技术人员开展农业技术推广。对农民技术人员协助开展公益性农业技术推广活动,按照规定给予补助。

农民技术人员经考核符合条件的,可以按照有关规定授予相应的技术职称,并发给证书。

国家农业技术推广机构应当加强对村农业技术服务站点和农民技术人员的指导。

村民委员会和村集体经济组织,应当推动、帮助村农业技术服务站点和农民技术人员开展工作。

第十六条 农业科研单位和有关学校应当适应农村经济建设发展的需要,开展农业技术开发和推广工作,加快先进技术在农业生产中的普及应用。

农业科研单位和有关学校应当将其科技人员从事农业技术推广工作的实绩作为工作考核和职称评定的重要内容。

第十七条 国家鼓励农场、林场、牧场、渔场、水利工程管理单位面向社会开展农业技术推广服务。

第十八条 国家鼓励和支持发展农村专业技术协会等群众性科技组织,发挥其在农业技术推广中的作用。

第三章 农业技术的推广与应用

第十九条 重大农业技术的推广应当列入国家和地方相关发展规划、计划,由农业技术推广部门会同科学技术等相关部门按照各自的职责,相互配合,组织实施。

第二十条 农业科研单位和有关学校应当把农业生产中需要解决的技术问题列为研究课题,其科研成果可以通过有关农业技术推广单位进行推广或者直接向农业劳动者和农业生产经营组织推广。

国家引导农业科研单位和有关学校开展公益性农业技术推广服务。

第二十一条 向农业劳动者和农业生产经营组织推广的农业技术,必须在推广地区经过试验证明具有先进性、适用性和安全性。

第二十二条 国家鼓励和支持农业劳动者和农业生产经营组织参与农业技术推广。

农业劳动者和农业生产经营组织在生产中应用先进的农业技术,有关部门和单位应当在技术培训、资金、物资和销售等方面给予扶持。

农业劳动者和农业生产经营组织根据自愿的原则应用农业技术,任何单位或者个人不得强迫。

推广农业技术,应当选择有条件的农户、区域或者工程项目,进行应用示范。

第二十三条　县、乡镇国家农业技术推广机构应当组织农业劳动者学习农业科学技术知识,提高其应用农业技术的能力。

教育、人力资源和社会保障、农业、林业、水利、科学技术等部门应当支持农业科研单位、有关学校开展有关农业技术推广的职业技术教育和技术培训,提高农业技术推广人员和农业劳动者的技术素质。

国家鼓励社会力量开展农业技术培训。

第二十四条　各级国家农业技术推广机构应当认真履行本法第十一条规定的公益性职责,向农业劳动者和农业生产经营组织推广农业技术,实行无偿服务。

国家农业技术推广机构以外的单位及科技人员以技术转让、技术服务、技术承包、技术咨询和技术入股等形式提供农业技术的,可以实行有偿服务,其合法收入和植物新品种、农业技术专利等知识产权受法律保护。进行农业技术转让、技术服务、技术承包、技术咨询和技术入股,当事人各方应当订立合同,约定各自的权利和义务。

第二十五条　国家鼓励和支持农民专业合作社、涉农企业,采取多种形式,为农民应用先进农业技术提供有关的技术服务。

第二十六条　国家鼓励和支持以大宗农产品和优势特色农产品生产为重点的农业示范区建设,发挥示范区对农业技术推广的引领作用,促进农业产业化发展和现代农业建设。

第二十七条　各级人民政府可以采取购买服务等方式,引导社会力量参与公益性农业技术推广服务。

第四章　农业技术推广的保障措施

第二十八条　国家逐步提高对农业技术推广的投入。各级人民政府在财政预算内应当保障用于农业技术推广的资金,并按规定使该资金逐年增长。

各级人民政府通过财政拨款以及从农业发展基金中提取一定比例的资金的渠道,筹集农业技术推广专项资金,用于实施农业技术推广项目。中央财政对重大农业技术推广给予补助。

县、乡镇国家农业技术推广机构的工作经费根据当地服务规模和绩效确定,由各级财政共同承担。

任何单位或者个人不得截留或者挪用用于农业技术推广的资金。

第二十九条 各级人民政府应当采取措施,保障和改善县、乡镇国家农业技术推广机构的专业技术人员的工作条件、生活条件和待遇,并按照国家规定给予补贴,保持国家农业技术推广队伍的稳定。

对在县、乡镇、村从事农业技术推广工作的专业技术人员的职称评定,应当以考核其推广工作的业务技术水平和实绩为主。

第三十条 各级人民政府应当采取措施,保障国家农业技术推广机构获得必需的试验示范场所、办公场所、推广和培训设施设备等工作条件。

地方各级人民政府应当保障国家农业技术推广机构的试验示范场所、生产资料和其他财产不受侵害。

第三十一条 农业技术推广部门和县级以上国家农业技术推广机构,应当有计划地对农业技术推广人员进行技术培训,组织专业进修,使其不断更新知识、提高业务水平。

第三十二条 县级以上农业技术推广部门、乡镇人民政府应当对其管理的国家农业技术推广机构履行公益性职责的情况进行监督、考评。

各级农业技术推广部门和国家农业技术推广机构,应当建立国家农业技术推广机构的专业技术人员工作责任制度和考评制度。

县级人民政府农业技术推广部门管理为主的乡镇国家农业技术推广机构的人员,其业务考核、岗位聘用以及晋升,应当充分听取所服务区域的乡镇人民政府和服务对象的意见。

乡镇人民政府管理为主、县级人民政府农业技术推广部门业务指导的乡镇国家农业技术推广机构的人员,其业务考核、岗位聘用以及晋升,应当充分听取所在地的县级人民政府农业技术推广部门和服务对象的意见。

　　第三十三条　从事农业技术推广服务的,可以享受国家规定的税收、信贷等方面的优惠。

第五章　法律责任

　　第三十四条　各级人民政府有关部门及其工作人员未依照本法规定履行职责的,对直接负责的主管人员和其他直接责任人员依法给予处分。

　　第三十五条　国家农业技术推广机构及其工作人员未依照本法规定履行职责的,由主管机关责令限期改正,通报批评;对直接负责的主管人员和其他直接责任人员依法给予处分。

　　第三十六条　违反本法规定,向农业劳动者、农业生产经营组织推广未经试验证明具有先进性、适用性或者安全性的农业技术,造成损失的,应当承担赔偿责任。

　　第三十七条　违反本法规定,强迫农业劳动者、农业生产经营组织应用农业技术,造成损失的,依法承担赔偿责任。

　　第三十八条　违反本法规定,截留或者挪用用于农业技术推广的资金的,对直接负责的主管人员和其他直接责任人员依法给予处分;构成犯罪的,依法追究刑事责任。

第六章　附则

　　第三十九条　本法自公布之日起施行。

关于促进农业产业化联合体发展的指导意见

当前,我国农业农村发展进入新阶段。各地顺应新型农业经营主体蓬勃发展的新形势新要求,探索发展农业产业化联合体,取得了初步成效。为贯彻落实《中共中央办公厅国务院办公厅关于加快构建政策体系培育新型农业经营主体的意见》,促进农业产业化联合体发展,现提出以下意见。

一、充分认识发展农业产业化联合体的重要意义

农业产业化联合体是龙头企业、农民合作社和家庭农场等新型农业经营主体以分工协作为前提,以规模经营为依托,以利益联结为纽带的一体化农业经营组织联盟。新形势下,发展农业产业化联合体具有重要的现实意义。

(一)有利于构建现代农业经营体系。通过"公司+农民合作社+家庭农场"组织模式,让各类新型农业经营主体发挥各自优势、分工协作,促进家庭经营、合作经营、企业经营协同发展,加快推进农业供给侧结构性改革。

(二)有利于推进农村一二三产业融合发展。通过构建上下游相互衔接配套的全产业链,实现单一产品购销合作到多元要素融合共享的转变,推动订单农业和"公司+农户"等经营模式创新,促进农业提质增效。

(三)有利于提高农业综合生产能力。通过推动产业链上下游长期合作,降低违约风险和交易成本,稳定经营预期,促进多元经营主体以市场为导向,加大要素投入,开展专业化、品牌化经营,提高土地产出率、资源利用率和劳动生产率。

(四)有利于促进农民持续增收。通过提升农业产业价值链,完善利益联结机制,引导龙头企业、农民合作社和家庭农场紧密合作,示范带动普通农户共同发展,将其引入现代农业发展轨道,同步分享农业现代化成果。

二、准确把握农业产业化联合体的基本特征

(一)独立经营,联合发展。农业产业化联合体不是独立法人,一般由一家牵头龙头企业和多个新型农业经营主体组成。各成员保持产权关系不变、开展独立经营,在平等、自愿、互惠互利的基础上,通过签订合同、协议或制定章程,形成紧密型农业经营组织联盟,实行一体化发展。

(二)龙头带动,合理分工。以龙头企业为引领、农民合作社为纽带、家庭农场为基础,各成员具有明确的功能定位,实现优势互补、共同发展。

(三)要素融通,稳定合作。立足主导产业、追求共同经营目标,各成员通过资金、技术、品牌、信息等要素融合渗透,形成比较稳定的长期合作关系,降低交易成本,提高资源配置效率。

(四)产业增值,农民受益。各成员之间以及与普通农户之间建立稳定的利益联结机制,促进土地流转型、服务带动型等多种形式规模经营协调发展,提高产品质量和附加值,实现全产业链增值增效,让农民有更多获得感。

三、培育和发展农业产业化联合体的总体要求

落实中央决策部署,围绕推进农业供给侧结构性改革,以帮助农民、提高农民、富裕农民为目标,以发展现代农业为方向,以创新农业经营体制机制为动力,积极培育发展一批带农作用突出、综合竞争力强、稳定可持续发展的农业产业化联合体,成为引领我国农村一二三产业融合和现代农业建设的重要力量,为农业农村发展注入新动能。在促进农业产业化联合体发展过程中,要把握以下基本原则。

(一)坚持市场主导。充分发挥市场配置资源的决定性作用,尊重农户和新型农业经营主体的市场主体地位。政府重点做好扶持引导,成熟一个发展一个,防止片面追求数量和规模。

（二）坚持农民自愿。农业产业化经营有多种组织带动模式,农业产业化联合体在不同区域、不同产业有多种表现形式,具有各自的适应性和发展空间。是否发展农业产业化联合体、选择哪种合作模式,都要尊重农民的意愿,不搞拉郎配、一刀切。

（三）坚持民主合作。引导农业产业化联合体建立内部平等对话、沟通协商机制,兼顾农户、家庭农场、农民合作社、龙头企业等各方利益诉求,共商合作、共议发展、共创事业。

（四）坚持兴农富农。把带动产业发展和农民增收作为基本宗旨,打造产业链、提升价值链,挖掘农业增值潜力,发挥农业产业化联合体对普通农户的辐射带动作用,保障农民获得合理的产业增值收益。

四、建立分工协作机制,引导多元新型农业经营主体组建农业产业化联合体

（一）增强龙头企业带动能力,发挥其在农业产业化联合体中的引领作用。支持龙头企业应用新理念,建立现代企业制度,发展精深加工,建设物流体系,健全农产品营销网络,主动适应和引领产业链转型升级。鼓励龙头企业强化供应链管理,制定农产品生产、服务和加工标准,示范引导农民合作社和家庭农场从事标准化生产。鼓励县级以上农业产业化主管部门开展重点龙头企业认定和运行监测。引导龙头企业发挥产业组织优势,以"公司＋农民合作社＋家庭农场""公司＋家庭农场"等形式,联手农民合作社、家庭农场组建农业产业化联合体,实行产加销一体化经营。

（二）提升农民合作社服务能力,发挥其在农业产业化联合体中的纽带作用。鼓励普通农户、家庭农场组建农民合作社,积极发展生产、供销、信用"三位一体"综合合作。引导农民合作社依照法律和章程加强民主管理、民主监督,保障成员物质利益和民主权利,发挥成员积极性,共同办好合作社。支持农民合作社围绕产前、产中、产后环节从事生产经营和服务,引导农户发展专业化生产,促进龙头企业发展加工流通,使合作社成为农业产业化联合体的"黏合剂"和"润滑剂"。

（三）强化家庭农场生产能力，发挥其在农业产业化联合体中的基础作用。按照依法自愿有偿原则，鼓励农户流转承包土地经营权，培育发展适度规模经营的家庭农场。鼓励家庭农场使用规范的生产记录和财务收支记录，提高经营管理水平。健全家庭农场管理服务，完善家庭农场名录制度，建立健全示范家庭农场认定办法。鼓励家庭农场办理工商注册登记。引导家庭农场与农民合作社、龙头企业开展产品对接、要素联结和服务衔接，实现节本增效。

（四）完善内部组织制度，引导各成员高效沟通协作。坚持民主决策、合作共赢，农业产业化联合体成员之间地位平等。引导各成员在充分协商基础上，制定共同章程，明确权利、责任和义务，提高运行管理效率。鼓励农业产业化联合体探索治理机制，制发成员统一标识，增强成员归属感和责任感。鼓励农业产业化联合体依托现有条件建立相对固定的办公场所，以多种形式沟通协商涉及经营的重大事项，共同制定生产计划，保障各成员的话语权和知情权。

五、健全资源要素共享机制，推动农业产业化联合体融通发展

（一）发展土地适度规模经营。引导土地经营权有序流转，鼓励具备条件的地区制定扶持政策，引导农户长期流转承包地并促进其转移就业。鼓励农户以土地经营权入股家庭农场、农民合作社和龙头企业发展农业产业化经营。支持家庭农场、农民合作社和龙头企业为农户提供代耕代种、统防统治、代收代烘等农业生产托管服务。

（二）引导资金有效流动。支持龙头企业发挥自身优势，为家庭农场和农民合作社发展农业生产经营，提供贷款担保、资金垫付等服务。以农民合作社为依托，稳妥开展内部信用合作和资金互助，缓解农民生产资金短缺难题。鼓励农业产业化联合体各成员每年在收益分配前，按一定比例计提风险保障金，完善自我管理、内部使用、以丰补歉的机制，提高抗风险能力。

（三）促进科技转化应用。鼓励龙头企业加大科技投入,建立研发机构,推进原始创新、集成创新、引进消化吸收再创新,示范应用全链条创新设计,提升农业产业化联合体综合竞争力。引导各类创新要素向龙头企业集聚,支持符合条件的龙头企业建立农业领域相关重点实验室,申报农业高新技术企业。鼓励龙头企业提供技术指导、技术培训等服务,向农民合作社和家庭农场推广新品种、新技术、新工艺,提高农业产业化联合体协同创新水平。

（四）加强市场信息互通。鼓励龙头企业找准市场需求、捕捉市场信号,依托联合体内部沟通合作机制,将市场信息传导至生产环节,优化种养结构,实现农业供给侧与需求端的有效匹配。积极发展电子商务、直供直销等,开拓农业产业化联合体农产品销售渠道。鼓励龙头企业强化信息化管理,把农业产业化联合体成员纳入企业信息资源管理体系,实现资金流、信息流和物资流的高度统一。

（五）推动品牌共创共享。鼓励农业产业化联合体统一技术标准,严格控制生产加工过程。鼓励龙头企业依托农业产业化联合体建设产品质量安全追溯系统,纳入国家农产品质量安全追溯管理信息平台。引导农业产业化联合体增强品牌意识,鼓励龙头企业协助农民合作社和家庭农场开展"三品一标"认证。扶持发展一村一品、一乡一业,培育特色农产品品牌。办好中国农业产业化交易会,鼓励龙头企业参加各类展示展销活动。鼓励农业产业化联合体整合品牌资源,探索设立共同营销基金,统一开展营销推广,打造联合品牌,授权成员共同使用。

六、完善利益共享机制,促进农业产业化联合体与农户共同发展

（一）提升产业链价值。引导农业产业化联合体围绕主导产业,进行种养结合、粮经结合、种养加一体化布局,积极发展绿色农业、循环农业和有机农业。推动科技、人文等要素融入农业,鼓励农业产业化联合体发展体验农业、康养农业、创意农业等新业态。鼓励龙头企业在研发设计、生产加工、流通消费等环节,积极利用移动互联网、云计算、大数据、物联网等新一代信息技术,提高全产业链智能化和网络化水平。

(二)促进互助服务。鼓励龙头企业将农资供应、技术培训、生产服务、贷款担保与订单相结合,全方位提升农民合作社和家庭农场适度规模经营水平。引导农业产业化联合体内部形成服务、购销等方面的最惠待遇,并提供必要的方便,让各成员分享联合体机制带来的好处。

(三)推动股份合作。鼓励农业产业化联合体探索成员相互入股、组建新主体等新型联结方式,实现深度融合发展。引导农民以土地经营权、林权、设施设备等入股家庭农场、农民合作社或龙头企业,采取"保底收入＋股份分红"的分配方式,让农民以股东身份获得收益。

(四)实现共赢合作。遵循市场经济规律,妥善处理好农业产业化联合体各成员之间、与普通农户之间的利益分配关系。创新利益联结模式,促进长期稳定合作,形成利益共享、风险共担的责任共同体、经济共同体和命运共同体。加强订单合同履约监督,建立诚信促进机制,对失信者及时向社会曝光。强化龙头企业联农带农激励机制,探索将国家相关扶持政策与龙头企业带动能力适当挂钩。

七、完善支持政策

(一)优化政策配套。落实中央各项支持政策,培育壮大新型农业经营主体。地方可结合本地实际,将现有支持龙头企业、农民合作社、家庭农场发展的农村一二三产业融合、农业综合开发等相关项目资金,向农业产业化联合体内符合条件的新型农业经营主体适当倾斜。支持龙头企业等新型农业经营主体参与产业扶贫,落实相关税收优惠政策。组织开展精准培训,提高龙头企业负责人、合作社理事长、家庭农场主的经营管理水平。

(二)加大金融支持。鼓励地方采取财政贴息、融资担保、扩大抵(质)押物范围等综合措施,努力解决新型农业经营主体融资难题。鼓励银行、保险等金融机构开发符合农业产业化联合体需求的信贷产品、保险产品和服务模式。积极发展产业链金融,支持农业产业化联合体设立内部担保基金,放大银行贷款倍数。与金融机构共享农业产业化联合体名录信息,鼓励金融机构探索以龙头企业为依托,综合考虑农业产业化联合体财务状况、信用风险、资金实力等因素,合理确定联合体内各经营主体授信额度,实行随用随借、循环使用方式,满足新型农业经营主体差异化资金需求。鼓励龙头企业加入人民银行征信中心应收账款融资服务平台,支持新型农业经营主体开展应收账款融资业务。鼓励探索"订单+保险+期货"模式,支持符合条件的龙头企业上市、新三板挂牌和融资、发债融资。鼓励具备条件的龙头企业发起组织农业互助保险,降低农业产业化联合体成员风险。

(三)落实用地保障。落实促进现代农业、新型农业经营主体、农产品加工业、休闲农业和乡村旅游等用地支持政策。指导开展村土地利用规划编制,年度建设用地计划优先支持龙头企业、农民合作社和家庭农场等新型农业经营主体建设农业配套辅助设施、开展农产品加工和流通。对新型农业经营主体发展较快、用地集约且需求大的地区,适当增加年度新增建设用地指标。对于引领农业产业化联合体发展的龙头企业所需建设用地,应优先安排、优先审批。

八、强化保障措施

(一)加强组织领导。各地要按照本意见精神,结合本地实际研究制定具体措施和办法,并做好相关指导、扶持和服务工作。完善农业产业化联席会议制度,推动落实扶持农业产业化发展的相关政策措施,帮助解决农业产业化联合体发展中遇到的困难和问题。

(二)开展示范创建。各级农业产业化主管部门要牵头开展农业产业化联合体示范创建活动,建立和发布示范农业产业化联合体名录,定期开展运行监测,适时更新,促进整体经营管理水平提升。可结合实际情况,对示范农业产业化联合体给予重点支持。

(三)加大宣传引导。做好农业产业化联合体统计调查工作,建立农业产业化联合体信息库,编制发布中国农业产业化龙头企业采购经理指数,为制定政策提供参考。组织第三方开展农业产业化联合体发展水平评价。及时总结好经验、好做法,充分运用各类新闻媒体加强宣传,营造良好社会氛围。

农业部 国家发展改革委 财政部

国土资源部 人民银行 税务总局

2017 年 10 月 13 日

关于支持做好新型农业经营主体培育的通知

农办计财〔2019〕44 号

各省、自治区、直辖市及计划单列市农业农村（农牧）厅（委、局）、财政厅（局），新疆生产建设兵团农业农村局、财政局，黑龙江省农垦总局、广东省农垦总局：

为贯彻落实《中共中央办公厅、国务院办公厅关于加快构建政策体系培育新型农业经营主体的意见》和《中共中央办公厅、国务院办公厅关于促进小农户和现代农业发展有机衔接的意见》精神，按照中央经济工作会议、中央农村工作会议以及中央一号文件部署要求，2019 年中央财政加大对农民合作社、家庭农场等新型农业经营主体的支持力度。现将有关事项通知如下。

一、重要意义

习近平总书记十分重视农民合作社和家庭农场发展，2018 年 9 月 21 日在中央政治局第八次集体学习时指出"要突出抓好农民合作社和家庭农场两类农业经营主体发展，赋予双层经营体制新的内涵，不断提高农业经营效率"，2019 年 3 月 8 日在参加河南代表团审议时强调"要突出抓好家庭农场和农民合作社两类农业经营主体发展，支持小农户和现代农业发展有机衔接"。《中共中央办公厅、国务院办公厅关于加快构建政策体系培育新型农业经营主体的意见》明确，在坚持家庭承包经营基础上，培育从事农业生产和服务的新型农业经营主体是关系我国农业现代化的重大战略；加快培育新型农业经营主体，对于推进农业供给侧结构性改革、引领农业适度规模经营发展、带动农民就业增收、增强农业农村发展新动能具有十分重要的意义。

加大对农民合作社、家庭农场等新型农业经营主体的支持，是贯彻落实党中央、国务院关于支持新型农业经营主体发展、促进小农户和现代农业发展有机衔接等一系列部署要求的重要内容,也是加快推进农业农村现代化、夯实乡村振兴战略实施基础的重要举措。各级农业农村、财政部门要切实提高政治站位,进一步统一思想,明确责任要求,切实按照《农业农村部、财政部关于做好 2019 年农业生产发展等项目实施工作的通知》(农计财发〔2019〕6 号)要求,加快扶持一批管理规范、运营良好、联农带农能力强的农民合作社、家庭农场,发展一批专业水平高、服务能力强、服务行为规范、覆盖农业产业链条的生产性服务组织,打造一批以龙头企业为引领、以农民合作社为纽带、以家庭农场和农户为基础的农业产业化联合体,增强乡村产业发展的内生动力。

二、总体要求

(一)指导思想。以习近平新时代中国特色社会主义思想为指导,全面贯彻党的十九大和十九届二中、三中全会精神,统筹谋划,整合资源,系统设计财政支持政策,推进农民合作社、家庭农场、农业产业化联合体等新型农业经营主体健康规范有序发展,引导新型农业经营主体提升关键发展能力、激发内生活力,开展集约化、标准化生产,完善利益分享机制,更好发挥带动小农户进入市场、增加收入、建设现代农业的引领作用。

(二)基本原则

——坚持政府扶持,协调发展。充分发挥政策引导作用,通过先建后补、以奖代补等形式,扩大政策受惠面,对新型农业经营主体发展予以支持;充分发挥市场配置资源的决定性作用,运用市场的办法推进生产要素向新型农业经营主体优化配置。要因地制宜,推进各类新型农业经营主体之间协调发展,既不能搞平均主义,也不能好大恶小、厚此薄彼,为新型农业经营主体发展创造公平的市场环境。

——坚持能力提升,高质高效。聚焦农产品加工、经营管理、市场营销等关键能力提升,推进新型农业经营主体高质高效发展,充分激发内生动力,不断提高市场竞争力。坚决反对只重数量、不重质量的面子工程;坚决避免一哄而上,搞运动式发展。

——坚持联农带农,利益共享。既支持新型农业经营主体发展,也不忽视小农户尤其是贫困农户。重点支持和农民有紧密联系的、可让农民学习借鉴的、能带动农民增收致富的新型农业经营主体,有效发挥辐射带动作用,促进小农户与现代农业发展有机衔接。

——坚持整合实施,统筹推进。鼓励各地统筹利用适度规模经营等政策支持资金,整合当地财政支农相关项目,优先支持新型农业经营主体发展,形成政策集聚效应,提高资金使用效益。

三、支持内容

支持实施农民合作社规范提升行动和家庭农场培育计划,积极发展奶农合作社和奶牛家庭牧场,培育创建农业产业化联合体,加快培育新型农业经营主体,加快构建以农户家庭经营为基础、合作与联合为纽带、市场需求为导向的立体式复合型现代农业经营体系。

一是支持开展农产品初加工。支持农民合作社、家庭农场应用先进技术,提升绿色化标准化生产能力,开展农产品产地初加工、主食加工,建设清洗包装、冷藏保鲜、仓储烘干等设施。支持依托农业产业化龙头企业带动农民合作社和家庭农场,开展全产业链技术研发、集成中试、加工设施建设和技术装备改造升级。

二是提升产品质量安全水平。支持农民合作社、家庭农场、农业产业化联合体开展绿色食品、有机食品和地理标志农产品创建,建立完善投入品管理、档案记录、产品检测、合格证准出和质量追溯等制度,建设农产品质量安全检测相关设施设备,构建全程质量管理长效机制。支持奶农合作社和家庭牧场开展良种奶牛引进、饲草料生产、养殖设施设备升级及乳品加工和质量安全检测设施完善等。支持农业产业化龙头企业引领农民合作社、家庭农场开展质量管理控制体系认定和产品追溯系统建设。

三是加强优质特色品牌创建。支持农民合作社、家庭农场、农业产业化联合体等新型农业经营主体加快培育优势特色农业,加强绿色优质特色农产品品牌创建,创响一批"独一份""特别特""好中优"的"乡字号""土字号"特色产品品牌。

四、支持对象及方式

（一）支持对象

一是农民合作社,支持县级以上农民合作社示范社及联合社,国家贫困县可放宽到规范运营的其他农民合作社。

二是家庭农场,主要支持纳入农业农村部门家庭农场名录的家庭农场(家庭牧场),其中家庭农场重点支持土地经营规模相当于当地户均承包地面积 10～15 倍或务农收入相当于当地二三产业务工收入的农场;奶牛家庭牧场优先支持存栏量 50～500 头之间的中小规模牧场。

三是农业产业化联合体,主要支持组织管理规范、联农带农机制完善、经济效益明显的联合体的内部成员。

粮食类等大宗农产品生产的农民合作社、家庭农场等新型农业经营主体数量应占有一定比重。

（二）支持方式

各地可根据实际,统筹利用中央财政农业生产发展资金中的适度规模经营资金以及自有财力等渠道予以支持。鼓励各地采取先建后补、以奖代补等方式,对农民合作社、家庭农场、农业产业化联合体等新型农业经营主体实施政策措施给予适当支持。其中,支持开展果蔬储藏窖、冷藏保鲜库及相关烘干设施建设,可参照以往农产品产地初加工政策补助标准;支持农业产业化联合体合作机制培育,由成员龙头企业牵头组织项目申报。

各地要结合本地实际确定具体支持对象、支持标准和支持方式。政策实施可与农机购置补贴、优势特色主导产业发展、农村一二三产业融合发展、有机肥替代化肥等政策统筹实施。鼓励有条件的省份,以县为单位开展整体推进示范,集中投入支持。

五、保障措施

(一)强化政策组织领导。各省农业农村部门要会同财政部门制定具体实施方案,明确支持对象、任务目标及管理措施等。各省要深入推进示范合作社建设,打造高质量发展的示范样板;完善示范家庭农场评定标准,发展一批规模适度、生产集约、管理先进、效益明显的家庭农场;加强农业产业化联合体的示范创建、监测指导,创新发展模式,促进产业深度融合发展。

(二)完善利益联结机制。各地要指导农民合作社、家庭农场、农业产业化联合体等新型农业经营主体,完善"保底收益+按股分红"、股份合作、订单农业等利益联结机制,组织带动小农户开展标准化生产,促进小农户与现代农业有机衔接,让更多农户分享乡村产业发展政策红利,特别是与贫困户尤其是"三区三州"等深度贫困地区贫困户精准对接,助力脱贫攻坚。中央财政直接补助农民合作社形成的资产要量化到农民合作社成员。

(三)创新资金监管方式。各地要完善补助资金申报审批流程,严格申报主体的条件资质把关,确保补助资金发放公开公平公正。要创新信息化手段,运用农业农村部新型农业经营主体信息直报系统加强适度规模经营补助资金监管。要在直报系统中及时发布补助政策,让广大新型农业经营主体准确理解掌握政策内容和申报要求。获得适度规模经营资金补助支持的新型经营主体全部纳入直报系统认证管理,并及时填报支持内容、补助方式、补助金额等相关情况。鼓励各地探索补助资金从申请、审核、公示到发放的全过程线上管理。

(四)加大宣传引导力度。各地要通过多渠道解读扶持农民合作社、家庭农场、农业产业化联合体等新型农业经营主体发展的政策内容,及时宣传各地好的做法和模式,使新型农业经营主体准确理解掌握政策内容,提升自身发展能力,提高辐射带动小农户发展的积极性和主动性;要加大对农民合作社示范社、示范家庭农场、农业产业化示范联合体等新型农业经营主体的宣传推介力度，让农民群众照着学、跟着干，营造推动新型农业经营主体发展的良好舆论氛围。

农业农村部办公厅 财政部办公厅

2019 年 7 月 1 日

2021—2023年农机购置补贴实施指导意见

一、实施原则

坚持以习近平新时代中国特色社会主义思想为指导,全面贯彻党的十九大和十九届二中、三中、四中、五中全会精神,落实党中央"三农"工作决策部署和《国务院关于加快推进农业机械化和农机装备产业转型升级的指导意见》(国发〔2018〕42 号)要求,以满足亿万农民对机械化生产的需要为目标,以稳定实施政策、最大限度发挥政策效益为主线,落实构建新发展格局要求,破除制约要素合理流动的堵点,进一步畅通农业机械化发展各个环节,支持引导农民购置使用先进适用的农业机械,引领推动农业机械化向全程全面高质高效转型升级,加快提升农业机械化产业链现代化水平,为实施乡村振兴战略、推进农业农村现代化提供坚实支撑。

二、实施重点

(一)在支持重点方面着力突出稳产保供。将粮食、生猪等重要农畜产品生产所需机具全部列入补贴范围,应补尽补。将育秧、烘干、标准化猪舍、畜禽粪污资源化利用等方面成套设施装备纳入农机新产品补贴试点范围,加快推广应用步伐。

(二)在补贴资质方面着力突出农机科技自主创新。推广使用智能终端和应用智能作业模式,深化北斗系统在农业生产中的推广应用,确保农业生产数据安全;通过大力开展农机专项鉴定,重点加快农机创新产品取得补贴资质条件步伐,尽快列入补贴范围;对暂时无法开展农机鉴定的高端智能创新农机产品开辟绿色通道,通过农机新产品购置补贴试点予以支持。

(三)在补贴标准方面着力做到"有升有降"。一是提升部分重点补贴机具补贴额,测算比例从 30％提高到 35％,包括水稻插(抛)秧机、重型免耕播种机、玉米籽粒收获机等粮食生产薄弱环节所需机具,丘陵山区特色产业发展急需的新机具以及智能、复式、高端产品。二是逐步降低区域内保有量明显过多、技术相对落后的轮式拖拉机等机具品目的补贴额,到 2023 年将其补贴额测算比例降低至 15％及以下,并将部分低价值的机具退出补贴范围。

(四)在政策实施方面着力提升监督服务效能。一是提升信息化水平,推广应用手机 App、人脸识别、补贴机具二维码管理和物联网监控等技术,加快推进补贴全流程线上办理。二是加快补贴资金兑付,保障农民和企业合法权益,营造良好营商环境。优化办理流程,缩短机具核验办理时限。三是充分发挥专业机构技术优势和大数据信息优势,提升违规行为排查和监控能力。对套取、骗取补贴资金的产销企业实行罚款处理,从严整治违规行为。

三、补贴对象和补贴标准

补贴对象为从事农业生产的个人和农业生产经营组织(以下简称"购机者"),其中农业生产经营组织包括农村集体经济组织、农民专业合作经济组织、农业企业和其他从事农业生产经营的组织。

中央财政农机购置补贴实行定额补贴。农业农村部、财政部组织制定发布全国补贴范围内各机具品目的主要分档参数。各省(含各省、自治区、直辖市及计划单列市、新疆生产建设兵团、广东省农垦总局、北大荒农垦集团有限公司)可围绕粮食生产薄弱环节、丘陵山区特色农业生产急需机具以及高端、复式、智能农机产品的推广应用,选择不超过 10个品目的产品提高补贴额,其补贴额测算比例可提高至 35％。

2021 年起,各省要对区域内保有量明显过多、技术相对落后的轮式拖拉机等机具品目或档次降低补贴标准,确保到 2023 年将其补贴机具补贴额测算比例降低至 15％及以下。实行降标的机具品目或档次确定后,各省要及时向农业农村部、财政部报告,有关情况将纳入农机购置补贴政策落实延伸绩效管理重要考核指标。

四、资金分配与使用

农机购置补贴主要用于支持购置先进适用农业机械,以及开展有关试点和农机报废更新等方面。各省农业农村部门会同财政部门采用因素法(包括基础性因素、政策性因素、绩效因素、巩固拓展脱贫攻坚成果因素等)测算分配资金。财政部门会同农业农村部门加强资金使用情况监测。

在资金使用方面着力探索创新方式。组织开展农机购置综合补贴试点,选择部分有条件、有意愿的省份探索创新补贴资金使用与管理方式,实施作业补贴、贷款贴息、融资租赁承租补助等补贴方式,提升农民购机用机能力。

五、实施要求

(一)加强领导,明确分工。各级农业农村、财政部门要建立健全政府领导下的联合实施和监管机制,切实加强组织协调,密切沟通配合,健全完善风险防控工作制度和内部控制规程,明确职责分工,形成工作合力。要组织开展业务培训和廉政警示教育,提高补贴工作人员业务素质和风险防控能力。要进一步明确职责分工,深入落实县级及以下农业农村部门组织实施、审核和监管责任和财政部门资金兑付、资金监管责任。要加强绩效管理,形成管理闭环,切实提升政策实施管理工作能力水平。

农业农村部农机化总站要发挥好技术支撑和行业指导作用,负责指导各地农机鉴定、推广、监理机构做好农机购置补贴技术支撑和管理服务工作,共同为政策实施提供有力保障。

各省要加强对农机鉴定工作的领导和监督,加快农机专项鉴定大纲制修订,组织所属或指定的农机鉴定机构公布鉴定产品种类指南,规范开展鉴定及其采信工作,及时公开鉴定证书、鉴定结果和产品主要技术规格参数信息。进一步加强试验鉴定(认证)证书及其采信的检验检测报告等投档资料规范性抽查,对多次或重复出现问题以及管理水平较低、违规风险较大的检测机构,纳入黑名单管理,对其发放的证书(报告)不予采信,并建议有关主管部门暂停或终止相关机构检测资质,将相关处理措施予以公开通报。

(二)优化服务,提升效能。各省要依托农机购置补贴申请办理服务系统(以下简称"办理服务系统"),动态分析基层农业农村和财政部门办理补贴申请具体时限,及时预警和定期通报超时办理行为,督促各地切实加快补贴申请受理、资格审核、机具核验、资金兑付等工作。畅通产业链供应链,营造良好营商环境,保障市场主体合法权益,对经司法机关认定为恶意拖欠农机生产经销企业购机款的购机者,取消其享受补贴资格。提高补贴机具核验信息化水平,加快农机试验鉴定、补贴机具投档、牌证管理、补贴资金申领等环节信息系统的互联互通,推动补贴机具由人工核验向信息化核验转变。积极探索补贴申请、核验、兑付全流程线上办理新模式,推进农机购置补贴实施与监管信息化技术集成应用。

(三)公开信息,接受监督。各级农业农村部门要因地制宜、综合运用宣传挂图、报纸杂志、广播电视、互联网等方式,以及村务公开等渠道,全方位开展补贴政策与实施工作宣传解读,着力提升政策知晓率,切实保障购机者、生产经销企业和广大农民群众的知情权、监督权。要健全完善农机购置补贴信息公开专栏,按年度公告近三年县域内补贴受益信息,公开违规查处结果等信息,主动接受社会监督。

(四)加强监管,严惩违规。各省要全面贯彻本通知和《农业农村部办公厅、财政部办公厅关于进一步加强农机购置补贴政策监管强化纪律约束的通知》(农办机〔2019〕6号)和《农业部办公厅、财政部办公厅关于印发〈农业机械购置补贴产品违规经营行为处理办法(试行)〉的通知》(农办财〔2017〕26号)要求,认真落实风险防控责任和异常情形主动报告制度,严格信用管理和农机产销企业承诺制,充分发挥专业机构的技术优势和大数据的信息优势,有效开展违规行为全流程分析排查,强化农财两部门联合查处和省际联动处理,从严整治突出违规行为,有效维护政策实施良好秩序。

各省农业农村、财政部门要根据本指导意见,结合实际制定印发本省2021—2023年实施方案,并抄报农业农村部、财政部。每年12月15日前,要将全年中央财政农机购置补贴政策实施(含试点工作开展情况)总结报告报送农业农村部、财政部。

2021—2023年农机购置补贴实施操作要求、补贴机具种类范围、农机专项鉴定产品购置补贴实施工作规范(试行)、农机新产品购置补贴试点工作指引、农机购置补贴实施有关备案工作申报材料格式要求详见附件1-5。

附件 1

2021—2023 年农机购置补贴实施操作要求

一、补贴范围和补贴机具

中央财政资金全国农机购置补贴机具种类范围(以下简称"全国补贴范围")为 15 大类 44 个小类 172 个品目。各省根据农业生产需要和资金供需实际,从全国补贴范围中选取本省补贴机具品目,优先保障粮食、生猪等重要农畜产品生产、丘陵山区特色农业生产以及支持农业绿色发展和数字化发展所需机具的补贴需要,将更多符合条件的高端、复式、智能产品纳入补贴范围,提高补贴标准、加大补贴力度。按年度将区域内保有量明显过多、技术相对落后的机具品目或档次剔除出补贴范围。全国补贴范围可针对各省提出的增补建议进行调整,具体工作按年度进行。

补贴机具必须是补贴范围内的产品(农机专项鉴定产品、农机新产品除外),同时还应具备以下资质之一:(1)获得农业机械试验鉴定证书(包括尚在有效期内的农业机械推广鉴定证书);(2)获得农机强制性产品认证证书;(3)列入农机自愿性认证采信试点范围,获得农机自愿性产品认证证书。补贴机具须在明显位置固定标有生产企业、产品名称和型号、出厂编号、生产日期、执行标准等信息的铭牌。

大力支持农机创新产品列入补贴范围。全面贯彻落实新修订的《农业机械试验鉴定办法》,积极开展农机专项鉴定,加快农机创新产品获得农机试验鉴定证书步伐,并按规定列入补贴范围。继续组织实施中央财政农机新产品购置补贴试点,对尚不能通过农机专项鉴定取得补贴资质的创新产品和成套设施装备等给予支持,重点补贴建设标准成熟的烘干机配套设施、水稻育秧成套设施装备、温室大棚骨架和标准化猪舍钢结构、智能养殖(含渔业)设备、果菜茶初加工成套设备、蜜蜂养殖及蜂产品初加工成套设施装备等,经农业农村部、财政部备案后实施。农机专项鉴定产品和农机新产品购置补贴试点产品列入补贴可以突破全国补贴范围。全面开展植保无人驾驶航空器购置补贴工作,具体操作办法另行通知,在此之前,总体上继续按有关规定实施引导植保无人飞机规范应用试点。

进一步扩大中央财政农机购置补贴机具资质采信农机产品认证结果范围,新增品目由农业农村部、国家认证认可监督管理委员会另行通知,采信认证结果工作继续按有关规定执行。规范实施补贴机具资质直接采信第三方检测报告试点,强化第三方检验检测结果和采信过程管理,相关农机产品应当开展基层评价,并通过省级农机鉴定、推广、科研单位组织开展的田(场)间实地试验验证。有意愿开展的省份经制定实施方案并报农业农村部、财政部备案后实施。

地方特色农业发展所需和小区域适用性强的机具,可列入地方各级财政安排资金的补贴范围,具体补贴机具品目和补贴标准由地方自定,不得占用中央财政补贴资金。

二、补贴对象和补贴标准

补贴对象为从事农业生产的个人和农业生产经营组织,其中农业生产经营组织包括农村集体经济组织、农民专业合作经济组织、农业企业和其他从事农业生产经营的组织。

中央财政农机购置补贴实行定额补贴。农业农村部、财政部组织制定发布全国补贴范围内各机具品目的主要分档参数,各省可在此基础上优化参数及增加分档,依据同档产品上年市场销售均价测算确定各档次的补贴额上限,测算比例不超过30%,且通用类机具补贴额不超过农业农村部、财政部发布的最高补贴额。实行降低补贴标准的机具品目单独分档测算补贴额。在确保资金供需紧平衡的基础上,各省可围绕粮食生产薄弱环节、丘陵山区特色农业生产急需机具以及高端、复式、智能农机产品的推广应用,选择不超过 10 个品目的产品提高补贴额,其补贴额测算比例可提高至 35%,其中,通用类机具的补贴额可高于相应档次中央财政资金最高补贴额,增长幅度控制在 20% 以内。提高补贴额测算比例的机具品目或档次报农业农村部备案后实施。

实行降标的机具品目或档次确定后,各省要及时向农业农村部报告,有关情况将纳入农机购置补贴政策落实延伸绩效管理重要考核指标。

上年市场销售均价原则上通过本省办理服务系统补贴数据测算,其中,新增品目或上年补贴销售数据较少的品目,其相关档次市场销售均价可通过市场调查获取,也可直接采信其他省份市场销售均价的最低值。

除上述提高补贴额测算比例的补贴机具和玉米去雄机以外,一般补贴机具单机补贴限额原则上不超过 5 万元;挤奶机械、烘干机单机补贴限额不超过 12 万元;100 马力以上拖拉机、高性能青饲料收获机、大型免耕播种机、大型联合收割机、水稻大型浸种催芽程控设备、畜禽粪污资源化利用机具单机补贴限额不超过 15 万元;200 马力以上拖拉机单机补贴限额不超过 25 万元;大型甘蔗收获机单机补贴限额不超过 40 万元;大型棉花收获机单机、成套设施装备单套补贴限额不超过 60 万元。

各省应保持补贴额总体稳定,全面公开农机购置补贴机具补贴额一览表,加强宣传,引导购机者根据各档次的补贴定额自主议价,不再对外公布具体产品的补贴额。在政策实施过程中发现具体产品或档次的中央财政资金实际补贴比例超过 50% 的,应及时组织调查,对有违规情节的,按相关规定处理;对无违规情节的补贴申请,可按原规定兑付补贴资金,并组织对相关产品及其所属档次补贴额进行评估,视情况及时调整。补贴资金出现较多缺口的省份,应及时下调部分机具的补贴额,确保政策效益普惠共享。

西藏和新疆南疆五地州(含南疆垦区)补贴标准继续按照《农业部办公厅、财政部办公厅关于在西藏和新疆南疆地区开展差别化农机购置补贴试点的通知》(农办财〔2017〕19 号)执行。

三、资金分配与使用

农机购置补贴支出主要用于支持购置先进适用农业机械,以及开展有关试点和农机报废更新等方面。各省农业农村部门会同财政部门采用因素法(包括基础性因素和政策性因素、绩效因素、巩固拓展脱贫攻坚成果因素等)测算分配资金,不突破县级需求上限分配资金,调减资金结转量大、政策实施风险高、资金使用效益低地区的预算规模。财政部门会同农业农村部门加强资金使用情况监测,定期调度和发布各县(市)资金使用进度,督促相关县(市)优先使用结转资金,督促预算执行较慢地区加快使用,并按需组织开展县(市)际余缺调剂,重点将实施进度低于序时进度县(市)的补贴资金调增给已出现供需缺口的县(市),确保不发生资金大量结转,促进资金使用实现两年动态紧平衡。

对省属管理体制的地方垦区和海拉尔、大兴安岭垦区的补贴资金规模,由省级财政部门与农业农村部门、农垦主管部门协商确定,统一纳入各省补贴资金分配方案。其他市、县属地方垦区国有农场的农机购置补贴,按所在市、县农机购置补贴政策规定实施。

开展农机购置综合补贴试点,选择部分有条件、有意愿的省份探索创新补贴资金使用与管理方式,实施作业补贴、贷款贴息、融资租赁承租补助等补贴方式。申请试点省份经制定实施方案并报农业农村部、财政部备案后组织实施。

农机报废更新补贴按《农业农村部办公厅、财政部办公厅、商务部办公厅关于印发〈农业机械报废更新补贴实施指导意见〉的通知》(农办机〔2020〕2号)执行。

农机购置补贴属约束性任务,资金必须足额保障,不得用于其他任务支出。地方各级财政部门要保障补贴工作实施必要的组织管理经费。省级财政应当依法安排农机购置补贴资金。

四、操作流程

农机购置补贴政策按照"自主购机、定额补贴、先购后补、县级结算、直补到卡(户)"方式实施。购机者自主选择购买机具,按市场化原则自行与农机产销企业协商确定购机价格与支付方式,并对交易行为真实性、有效性和可能发生的纠纷承担法律责任。购机行为完成后,购机者自主向当地农业农村部门提出补贴资金申领事项,签署告知承诺书,承诺购买行为、发票购机价格等信息真实有效,按相关规定申办补贴。

各地农机购置补贴政策实施工作按以下流程操作。

(一)发布实施规定。省级及以下农业农村、财政部门按职责分工和有关规定发布本地区农机购置补贴实施方案、操作程序、补贴额一览表、补贴机具信息表、咨询投诉举报电话等信息。其中,要按年度明确剔除出补贴范围和实行降标的机具品目或档次。

(二)组织机具投档。省级农业农村部门按照《农机购置补贴机具投档工作规范(试行)》等要求,全面运用农机购置补贴机具自主投档平台,常年受理企业投档,组织开展形式审核,公示公布投档结果,并导入办理服务系统。

(三)受理补贴申请。县级农业农村部门全面实行办理服务系统常年连续开放,推广使用带有人脸识别功能的手机 App 等信息化技术,方便购机者随时在线提交补贴申请、应录尽录,加快实现购机者线下申领补贴"最多跑一次""最多跑一地"。县级农机购置补贴资金申请数量达到当年可用资金(含结转资金和调剂资金)总量110%的,相关县应及时发布公告,停止受理补贴申请。鼓励有条件的省份探索利用农业农村部新型农业经营主体信息直报系统办理补贴申请。

(四)审验公示信息。县级农业农村部门按照《农机购置补贴机具核验工作要点(试行)》等要求,对补贴相关申请资料进行形式审核,对补贴机具进行核验,其中牌证管理机具凭牌证免于现场实物核验。农业农村部门在收到购机者补贴申请后,应于 2 个工作日内做出是否受理的决定,对因资料不齐全等原因无法受理的,应注明原因,并按原渠道退回申请;对符合条件可以受理的,应于 13 个工作日内(不含公示时间)完成相关核验工作,并在农机购置补贴信息公开专栏实时公布补贴申请信息,公示时间为 5 个工作日。鼓励在乡村或补贴申请点公示栏中同时公开公示信息。

(五)兑付补贴资金。县级财政部门审核农业农村部门提交的资金兑付申请与有关材料,于 15 个工作日内通过国库集中支付方式向符合要求的购机者兑付资金。严禁挤占挪用农机购置补贴资金。因资金不足或加强监管等原因需要延期兑付的,应告知购机者,并及时与同级农业农村部门联合向上报告资金供需情况。补贴申领原则上当年有效,因当年财政补贴资金规模不够、办理手续时间紧张等无法享受补贴的,可在下一个年度优先兑付。

补贴政策全面实行跨年度连续实施,除发生违规行为或补贴资金超录外,不得以任何理由限制购机者提交补贴申请,且补贴机具资质、补贴标准和办理程序等均按购机者提交补贴申请并录入办理服务系统时的相关规定执行,不受政策调整影响,切实稳定购机者补贴申领预期。购机者对其购置的补贴机具拥有所有权,自主使用,可依法处置。

附件 2

2021—2023 年全国农机购置补贴机具种类范围

（15 大类 44 个小类 172 个品目）

1.耕整地机械

  1.1 耕地机械

    1.1.1 铧式犁

    1.1.2 圆盘犁

    1.1.3 旋耕机

    1.1.4 深松机

    1.1.5 开沟机

    1.1.6 耕整机

    1.1.7 微耕机

    1.1.8 机滚船

    1.1.9 机耕船

  1.2 整地机械

    1.2.1 圆盘耙

    1.2.2 起垄机

    1.2.3 灭茬机

    1.2.4 筑埂机

    1.2.5 铺膜机

    1.2.6 联合整地机

    1.2.7 埋茬起浆机

  2.种植施肥机械

    2.1 播种机械

2.1.1 条播机

2.1.2 穴播机

2.1.3 小粒种子播种机

2.1.4 根茎作物播种机

2.1.5 免耕播种机

2.1.6 铺膜播种机

2.1.7 水稻直播机

2.1.8 精量播种机

2.1.9 整地施肥播种机

2.2 育苗机械设备

2.2.1 种子播前处理设备

2.2.2 营养钵压制机

2.2.3 秧盘播种成套设备（含床土处理）

2.3 栽植机械

2.3.1 水稻插秧机

2.3.2 秧苗移栽机

2.3.3 甘蔗种植机

2.4 施肥机械

2.4.1 施肥机

2.4.2 撒肥机

2.4.3 追肥机

3. 田间管理机械

3.1 中耕机械

3.1.1 中耕机

3.1.2 培土机

3.1.3 埋藤机

3.1.4 田园管理机

6.4.5 茶叶理条机

6.5 剥壳（去皮）机械

　6.5.1 玉米剥皮机

　6.5.2 花生脱壳机

　6.5.3 干坚果脱壳机

　6.5.4 剥（刮）麻机

7. 农用搬运机械

7.1 装卸机械

　7.1.1 抓草机

8. 排灌机械

8.1 水泵

　8.1.1 离心泵

　8.1.2 潜水电泵

8.2 喷灌机械设备

　8.2.1 喷灌机

　8.2.2 微灌设备

　8.2.3 灌溉首部（含灌溉水增压设备、过滤设备、水质软化设备、灌溉施肥一体化设备以及营养液消毒设备等）

9. 畜牧机械

9.1 饲料（草）加工机械设备

　9.1.1 铡草机

　9.1.2 青贮切碎机

　9.1.3 揉丝机

　9.1.4 压块机

　9.1.5 饲料（草）粉碎机

　9.1.6 饲料混合机

　9.1.7 颗粒饲料压制机

9.1.8 饲料制备(搅拌)机

9.2 饲养机械

9.2.1 孵化机

9.2.2 喂料机

9.2.3 送料机

9.2.4 清粪机

9.2.5 粪污固液分离机

9.3 畜产品采集加工机械设备

9.3.1 挤奶机

9.3.2 剪羊毛机

9.3.3 贮奶(冷藏)罐

10. 水产机械

10.1 水产养殖机械

10.1.1 增氧机

10.1.2 投饲机(含投饲无人船)

10.1.3 网箱养殖设备

10.2 水产捕捞机械

10.2.1 绞纲机

10.2.2 船用油污水分离装置

11. 农业废弃物利用处理设备

11.1 废弃物处理设备

11.1.1 废弃物料烘干机

11.1.2 残膜回收机

11.1.3 沼液沼渣抽排设备

11.1.4 秸秆压块(粒、棒)机

11.1.5 病死畜禽无害化处理设备

11.1.6 有机废弃物好氧发酵翻堆机

11.1.7 有机废弃物干式厌氧发酵装置

12. 农田基本建设机械

12.1 挖掘机械

12.1.1 挖坑机

12.2 平地机械

12.2.1 平地机

13. 设施农业设备

13.1 温室大棚设备

13.1.1 电动卷帘机

13.1.2 热风炉

13.2 食用菌生产设备

13.2.1 蒸汽灭菌设备

13.2.2 食用菌料装瓶（袋）机

14. 动力机械

14.1 拖拉机

14.1.1 轮式拖拉机

14.1.2 手扶拖拉机

14.1.3 履带式拖拉机

15. 其他机械

15.1 养蜂设备

15.1.1 养蜂平台

15.2 其他机械

15.2.1 驱动耙

15.2.2 籽棉清理机

15.2.3 水帘降温设备

15.2.4 热水加温系统

15.2.5 简易保鲜储藏设备

15.2.6 水井钻机

15.2.7 旋耕播种机

15.2.8 大米色选机

15.2.9 杂粮色选机

15.2.10 甘蔗田间收集搬运机

15.2.11 秸秆膨化机

15.2.12 畜禽粪便发酵处理机

15.2.13 农业用北斗终端及辅助驾驶系统(含渔船用)

15.2.14 沼气发电机组

15.2.15 天然橡胶初加工专用机械

15.2.16 有机肥加工设备

15.2.17 茶叶输送机

15.2.18 茶叶压扁机

15.2.19 茶叶色选机

15.2.20 根(块)茎作物收获机

15.2.21 果园作业平台

15.2.22 果园轨道运输机

15.2.23 秸秆收集机

15.2.24 瓜果取籽机

15.2.25 脱蓬(脯)机

15.2.26 莲子剥壳去皮机

15.2.27 水产养殖水质监控设备

附件 3

农机专项鉴定产品购置补贴实施工作规范(试行)

一、补贴产品选定

(一)产品条件。参与农机购置补贴的农机专项鉴定产品应符合以下条件:

1. 由基层农业农村部门提出建议,技术创新特征明显,能够弥补农业机械化发展短板,能够确保农业生产数据安全,提升农业机械化水平。

2. 已通过农机专项鉴定且信息完整准确上传至全国农业机械试验鉴定管理服务信息化平台。其中,属现行推广鉴定大纲不能涵盖其主要功能和主体结构的产品,其上传至平台的信息还应包括推广鉴定大纲涵盖的全部内容。

3. 已在本省由鉴定机构实地检验,并出具试验报告,或取得县级以上农业农村部门、检测、鉴定、推广、科研等单位出具的实地试验验证报告,或经省级农业农村部门组织进行适用性评估,并出具评估报告。

(二)选定程序。各省按以下程序遴选确定拟参与农机购置补贴的专项鉴定产品对应的品目:

1. 征集建议。紧紧围绕巩固拓展脱贫攻坚成果、全面推进乡村振兴、加快推进农业农村现代化,聚焦农业绿色发展和农业机械化全程全面高质高效转型升级,面向基层农业农村部门公开征集拟参与补贴的农机专项鉴定产品建议。

2. 专家评议。邀请农机购置补贴管理、试验鉴定、技术推广等方面和产业部门、行业协会、科研院校以及基层农业农村部门、农民合作经济组织的代表组成专家组,按照产品条件,对拟参与补贴的农机专项鉴定产品进行评议,初步选定参与补贴的农机专项鉴定产品,并提出产品所属机具品目及对应的大纲(包括专项鉴定大纲及其修改单,属于现行推广鉴定大纲不能涵盖其主要功能和主体结构的,还应包括其对应的推广鉴定大纲,下同)建议。对争议较大的产品品目归属,应书面征求全国农业机械标准化技术委员会农业机械化分技术委员会(农业农村部农机化总站)意见。

3.审定公示。经集体研究审定后,在省级农业农村部门主办或指定的网站公示,公示期不少于 5 个工作日。

4.发布实施。公示无异议后,予以公布。公布内容包括补贴品目、产品名称及对应的大纲。原则上,农机专项鉴定产品购置补贴种类范围应每年第一季度公布,并按年度进行调整。

(三)实施时间。农机专项鉴定产品购置补贴实施周期一般为三年,可按年度调整。具体由各省根据农机购置补贴实施周期、农机专项鉴定产品证书有效期等确定。专项鉴定大纲转化为推广鉴定大纲后,按该专项鉴定大纲进行鉴定的产品,其补贴资质最多可延长至其鉴定证书有效期止后一年。

二、补贴机具分档与补贴额测算

农机专项鉴定产品补贴的分类分档、补贴额测定和投档等工作总体按照现行农机购置补贴政策相关规定开展,并符合以下要求。

(一)补贴机具分档。组织农机购置补贴管理、试验鉴定、技术推广、生产制造等方面的专家,紧紧围绕机具的性能、结构、材质等指标,集体研究确定专项鉴定产品的分类分档参数。属全国补贴范围内、现行农机推广鉴定大纲不能涵盖的专项鉴定产品,应在同类产品分档参数基础上,增加有关创新性指标参数,并单独分档。

(二)补贴额测算。测算农机专项鉴定产品补贴定额,其市场销售均价可通过市场调查获取,也可委托有资质的第三方进行价格测算。对于只有一家企业生产的,应当委托有资质的第三方进行价格审计。补贴额原则上不高于同类或相似补贴产品补贴额。

(三)补贴机具投档。组织农机生产企业按规定投档,对于现行推广鉴定大纲不能涵盖其主要功能和主体结构的专项鉴定产品,投档时应同步上传农机试验鉴定证书(鉴定类型为推广鉴定)。对超范围投送产品及投送品目、档次错误的,按违规行为处理。

三、实施管理

农机专项鉴定产品的补贴实施要严格执行农机购置补贴政策实施有关规定,并切实做好以下工作。

(一)加强组织领导。健全完善风险防控工作制度和内部控制规程,推行全程信息化操作。集体研究的事项,要有包含参会人员发言内容的会议记录,并形成会议纪要或意见。

(二)及时公开信息。按照有关规定发布农机专项鉴定产品补贴实施方案,公开资金规模、实施区域、操作程序,以及补贴额一览表、补贴机具信息表等信息。

(三)强化诚信建设。组织自愿参与补贴的农机专项鉴定产品生产企业进行书面承诺,明确其在产品质量、经销商管理、销售价格真实性、售后服务、退换货及纠纷处理等方面的主体责任,并监督其履行承诺。

(四)做好进度调度。对专项鉴定产品补贴实施情况按品目及对应的专项鉴定大纲进行单独调度,并按月汇总上报。

(五)开展抽查监督。委托有产品质量检验检测资质的第三方机构开展一定比例的补贴产品抽查核验,严格查处违规行为。

各省要结合专项鉴定产品补贴实施情况,适时提出农机推广鉴定大纲制修订建议,推动将相关专项鉴定大纲转化为推广鉴定大纲,提出新增相应机具品目建议。农业农村部将农机专项鉴定产品购置补贴实施工作列入省级农机购置补贴政策落实延伸绩效管理,对管理不到位、实施问题较多、风险较大的省份,敦促整改,整改不到位的,可暂停其开展农机专项鉴定产品购置补贴实施工作。

附件 4

农机新产品购置补贴试点工作指引

一、试点内容和地区

（一）试点内容。探索对暂不能开展农机试验鉴定的新型农机产品或不适宜鉴定的成套设施装备进行补贴的路径和办法，推动新型农机产品试验鉴定大纲和成套设施装备建设标准规范制修订，为相关产品纳入农机购置补贴范围提供支持。

（二）试点地区。各省结合实际，自主决定是否开展试点以及选取试点内容，既可在全省范围实施，也可在部分重点市县开展，优先选择农机购置补贴工作基础好、有较强监管能力的地区，重点向丘陵山区倾斜。

二、试点产品选定

（一）产品条件。纳入试点的新型农机产品和成套设施装备应当农业机械属性明确，技术创新特征明显，能够弥补农业机械化发展短板，能够确保农业生产数据安全，属农业生产急需、农民急用产品，其先进性、安全性和适用性等符合以下条件。

1.新型农机产品。先进性方面，至少拥有实用新型专利、发明专利以及省级以上科技成果鉴定（评价证明）之一；安全性方面，应当取得省级以上有关部门认定的检验检测机构依据相关标准出具的检验报告；适用性方面，应当通过省级农业农村部门组织或委托县级以上农机鉴定、推广、科研单位开展的田（场）间实地试验验证。

2.成套设施装备。先进性方面，成套设施装备或其主要设备拥有实用新型专利、发明专利以及省级以上科技成果鉴定（评价证明）之一；适用性方面，在本省有一定的实地应用数量；合规性方面，达到省级农业农村部门制定的建设标准规范要求，其结构、材质、性能、建设安装、竣工验收等方面不低于国家、行业、团体和企业标准规定的要求,且不得包括泥土、砖瓦、砂石料、钢筋混凝土等建筑材料修砌的地基、墙体等。

(二)品目数量。新型农机产品试点品目数量不超过 3 个,实行总量控制,调整按年度进行。成套设施装备试点品目数量由各省根据实际情况自主确定。

(三)选定程序。各省按以下程序遴选确定拟纳入试点的新型农机产品和成套设施装备,并优先考虑丘陵山区需求:

1. 征集建议。紧紧围绕巩固拓展脱贫攻坚成果、全面推进乡村振兴、加快推进农业农村现代化,聚焦农业绿色发展和农业机械化全程全面高质高效转型升级,优先考虑丘陵山区农业生产需要,面向基层农业农村部门公开征集拟纳入试点的产品建议。

2. 条件审查。组织专家对照产品条件进行评估,通过后可初步将其作为选定产品。

3. 品目归属。对照现行有效《农业机械分类》农业行业标准等有关规定,确定产品所属品目。对争议较大的产品品目归属,应书面征求全国农业机械标准化技术委员会农业机械化分技术委员会(农业农村部农机化总站)意见。

4. 分类分档。组织农机购置补贴管理、试验鉴定、技术推广、生产制造等方面的专家集体研究确定产品的分类分档参数。原则上,新型农机产品分档参数要包含性能、结构、材质等指标,成套设施装备要包含设施种养加工规模、运行能力、工作效率、能源类型、配套功率、主体结构、主要设备材质等指标。

5. 品目公示。在省级农业农村部门主办或指定的网站对拟纳入试点的新型农机产品和成套设施装备品目信息等进行公示,公示期不少于5 个工作日。

6. 申请备案。公示无异议后,书面向农业农村部、财政部备案,有关要求详见《2021—2023 年农机购置补贴实施有关备案工作申报材料格式要求》。

7.公开产品。经备案同意后,按程序公布试点方案、分类分档和补贴额一览表、风险提示等。组织新型农机产品生产企业按规定自主投档,审核公示后公布试点产品。

三、资金规模、补贴标准和兑付方式

(一)资金规模。省级农业农村部门会同财政部门,共同研究确定试点资金规模。新型农机产品年度试点资金量按不超过试点省份年度中央财政农机购置补贴资金总规模的 10％ 安排,其中,补贴资金总规模低于 1000 万元的,年度试点资金量可提至最高 100 万元;3 亿元及以上的,年度试点资金量不超过 3000 万元。成套设施装备年度试点资金量由各省结合资金供需情况自主确定。

(二)补贴标准。补贴额由试点省份省级农业农村部门参照现行农机购置补贴政策相关规定确定,新型农机产品补贴额原则上不高于同类或相似补贴产品补贴额。

(三)兑付方式。原则上按照“先使用后补贴”方式兑付资金,新型农机产品达到一定规模的作业量、成套设施装备核验合格且生产应用一段时期后方可兑付补贴,具体程序和要求由各省结合实际自主确定。

四、监督管理

农机新产品购置补贴试点可参照农机购置补贴政策实施有关规定执行,也可采取项目管理等方式操作。要在落实好信息公开、内部控制等要求的同时,重点抓好以下工作。

(一)加强条件审查。充分利用全国农业机械试验鉴定管理服务信息化平台公开的鉴定大纲信息,做好试点产品鉴定情况审查。规范参与试点的成套设施装备生产企业基础条件,保证其能够为购机者提供产品加工、建设、安装等服务,具备一定的售后服务能力,其营业执照经营范围应包含试点产品生产、经营相关内容。

(二)强化企业诚信。加强试点产品生产企业诚信审核,通过“国家企业信用信息公示系统"进行排查,严防严重违法失信企业参与试点。组织自愿参加试点的生产企业进行书面承诺,明确其在产品质量、售后服务、退换货及纠纷处理等方面的主体责任。

(三)加强风险提醒。要公开试点产品的技术优势、使用潜在风险等信息,通过组织产销企业和购机者签订"知情同意书"的方式,提示农民群众知悉产品使用风险,引导理性购买。

(四)开展监督检查。选择从事农林行业(农业工程)设计、咨询、鉴定、造价、监理等相关业务工作2年及以上,并且具有农林行业(农业工程)设计乙级以上设计资质的单位或工程监理专业机构,开展成套设施装备资金兑付前核验和资金兑付后抽查工作,严格查处违规行为。

(五)做好进度调度。对农机新产品购置补贴试点实施情况进行单独调度,并按月汇总上报。

各省要结合农机新产品购置补贴试点实施情况,适时组织制修订相应的农机试验鉴定大纲,制定发布成套设施装备建设标准规范及补贴办法,为相关产品纳入农机购置补贴范围创造条件。农业农村部将农机新产品购置补贴试点实施工作列入省级农机购置补贴政策落实延伸绩效管理,对管理不到位、实施问题较多、风险较大的省份,敦促整改,整改不到位的,可暂停其开展农机新产品购置补贴试点工作。

附件 5

2021—2023年农机购置补贴实施有关备案工作
申报材料格式要求

一、农机新产品购置补贴试点

（一）新型农机产品。申报材料包括：1.备案报告，主要内容：一是必要性，是否有助于巩固拓展脱贫攻坚成果、全面推进乡村振兴、加快推进农业农村现代化等；二是主要产品生产企业数量及地区分布、型号、已有产销量、图片和视频、市场平均销售价格、年度预计使用资金数量及测算依据等；三是试点品目分类分档和补贴额测算情况；四是公示等遴选决策过程中其他需要说明的情况。2.《农机新产品购置补贴试点机具品目备案表（新型农机产品）》（格式见附表1）。

（二）成套设施装备。申报材料包括：1.备案报告，主要内容：一是必要性，是否有助于巩固拓展脱贫攻坚成果、全面推进乡村振兴、加快推进农业农村现代化等，是否符合农业农村部有关加快畜牧业、设施种植、水产养殖等文件要求，是否能够确保农业生产数据安全；二是主要产品生产企业数量及地区分布、已有产销量、图片和视频、市场平均销售价格、年度预计使用资金数量及测算依据等；三是建设标准规范；四是试点品目分类分档和补贴额测算情况；五是公示等遴选决策过程中其他需要说明的情况。2.《农机新产品购置补贴试点机具品目备案表（成套设施装备）》（格式见附表2）。

二、补贴机具资质直接采信第三方检测报告试点

申报材料包括：1.备案报告，主要内容：一是必要性，备案品目是否有助于大宗农产品稳产保供、推动农业绿色发展、提高全程全面薄弱环节和贫困丘陵山区农机化水平等，是否无法通过其他渠道获得补贴机具资质；二是备案品目涉及的主要产品生产企业数量及地区分布、照片、型号、已有产销量、市场平均销售价格等；三是绩效目标设置，产出指标（补贴购置台套数）、效益指标（经济、社会、生态和可持续影响）、满意度指标（针对农户与企业）；四是风险防控措施，包括第三方检验检测机构管理、信息公开等；五是遴选决策过程等其他需要说明的情况。2.《补贴机具资质直接采信第三方检测报告试点备案表》（格式见附表3）。

三、农机购置补贴机具提高补贴额测算比例

年度备案工作原则上在3月底前完成。申报材料包括：1. 备案报告，主要内容：一是必要性，说明补贴额测算比例调整的品目是否属于高端、复式、智能以及丘陵山区特色农业生产急需的产品，是否能够确保农业生产数据安全，并围绕上述特征做出具体说明；二是按调整后补贴额测算比例测算补贴额情况及过程，包含相关档次平均销售价格获取情况等，其中，品目属于通用类机具的，应说明测算后的补贴额是否高于相应档次中央财政资金最高补贴额，增长幅度是否在20%以内；三是补贴额测算比例调整前后的补贴额差距分析等；四是其他需要说明的情况。2.《农机购置补贴机具提高补贴额测算比例备案表》（格式见附表4）。

四、农机购置综合补贴试点

申报材料包括：1. 备案报告，主要内容：一是试点区域，全省范围还是省内部分地区等；二是试点机具，具体机具种类等；三是试点内容，具体资金支出创新方向、信息化系统等相关配套支持措施等；四是绩效目标设置，产出指标（补贴购置台套数）、效益指标（经济、社会、生态和可持续影响）、满意度指标（针对农户与企业）；五是其他需要说明的情况。2.《农机购置综合补贴试点备案表》（格式见附表5）。

附表：1. 农机新产品购置补贴试点机具品目备案表（新型农机产品）

2. 农机新产品购置补贴试点机具品目备案表（成套设施装备）

3. 补贴机具资质直接采信第三方检测报告试点备案表

4. 农机购置补贴机具提高补贴额测算比例备案表

5. 农机购置综合补贴试点备案表

附表 1

农机新产品购置补贴试点机具品目备案表（新型农机产品）

填报单位：（盖章）　　　　　　　　　　　　　　　　　　　联系人及联系方式：

序号	机具大类	机具小类	机产品品目名称	产品及提出企业生产数量单位	建议创新类型（二选一，打"√"）			相关企业是否被列入省级农业农村、省级财政部门是否集体门管理	省级农业农村、财政部门意见	农业农村部农业机械化管理司意见
					主要创新类型（二选一，打"√"）	无鉴定大纲	鉴定大纲不能容	组织年度被列入省级农业农村、财政部门补贴黑名单或违规行为尚在处理		
					先进安全性能、试验资金（万元）	展话验证数（单或或）明材料的单位				
1										
2										
3										
									（单位公章）年　月　日	（单位公章）年　月　日

备注：1. 本表由省级农业农村部门填报，报送前需商省级财政部门同意。
　　　2. 本表一式四份，省级农业农村部门、财政部门和农业农村部农业机械化管理司，财政部农业农村司各留存一份。

附表2

农机新产品购置补贴试点机具品目备案表（成套设施装备）

填报单位：（盖章）　　　　　　　　　　　　　　　联系人及联系方式：

序号	机具大类	机具小类	机具品目产品名称	产品提出及生产企业单位	主要产品建议	先进性证明内容	本省年度预计使用资金数（万元）	相关企业是否被列入补贴名单	省级农业农村、省级财政部门是否集体同意	农业农村部农业机械化管理司意见
1										
2										
3										（单位公章） 年　月　日

备注：1. 本表由省级农业农村部门填报，报送前需商省级财政部门同意。

2. 本表一式四份，省级农业农村部门、财政部门和农业农村部农业机械化管理司各留存一份。

附表 3

补贴机具资质直接采信第三方检测报告试点备案表

填报单位：（盖章）　　　　　　　　　　　　　　　　　　　联系人及联系方式：

序号	机具大类	机具小类	机具品目	主要产品及生产出单位	建议提出单位	省级农业农村部门是否经过专家研究是否集体论证	省级农业农村部门是否经过公示	年度绩效目标省级财政部门同意	是否商农业农村部农业机械化管理司同意
1									
2									
3									
…									

负责人签字：

（单位公章）

年　　月　　日

备注：1. 本表由省级农业农村部门负责填报，报送前需商省级财政部门同意，每行填写 1 个品目。

2. 本表一式四份，省级农业农村部门、财政部门和农业农村部农业机械化管理司，财政部农业农村司各留存一份。

附表 4

农机购置补贴机具提高补贴额测算比例备案表

填报单位：（盖章）　　　　　　　　　　　　　　　　　联系人及联系方式：

序号	机具大类	机具小类	机具品目或档次	原补贴额测算比例	调整后补贴额测算比例	是否征求基层专家论证意见	是否经过部门是否集体研究	省级农业农村部门是否商省级财政部门	农业农村部农业机械化管理司同意过公示同意意见
1									
2									
3									
…									

负责人签字：

（单位公章）

年　　月　　日

备注：

1. 本表由省级农业农村部门填报，报送前需商省级财政部门同意，每行填写 1 个品目或档次，品目数量累计不超过 10 个。

2. 本表一式四份，省级农业农村部门、财政部门和农业农村部农业机械化管理司，财政部农业农村司各留存一份。

附表 5

农机购置综合补贴试点备案表

填报单位:(盖章)　　　　　　　　联系人及联系方式:

试点区域	
试点机具	
试点内容 (试点基础条件)	
年度绩效目标	
预计年度使用 补贴资金规模 (万元)	

农业农村部 农业机械化 管理司意见	负责人签字: (单位公章) 　年　月　日	财政部 农业农村司意见	负责人签字: (单位公章) 　年　月　日

备注:

1.本表由省级农业农村部门负责填报,报送前需商省级财政部门同意。

2.本表一式四份,省级农业农村部门、财政部门和农业农村部农业机械化管理司、财政部农业农村司各留存一份。

关于实施家庭农场培育计划的指导意见

各省、自治区、直辖市人民政府,国务院各部委、各直属机构:

家庭农场以家庭成员为主要劳动力,以家庭为基本经营单元,从事农业规模化、标准化、集约化生产经营,是现代农业的主要经营方式。党的十八大以来,各地区各部门按照党中央、国务院决策部署,积极引导扶持农林牧渔等各类家庭农场发展,取得了初步成效,但家庭农场仍处于起步发展阶段,发展质量不高、带动能力不强,还面临政策体系不健全、管理制度不规范、服务体系不完善等问题。为贯彻落实习近平总书记重要指示精神,加快培育发展家庭农场,发挥好其在乡村振兴中的重要作用,经国务院同意,现就实施家庭农场培育计划提出以下意见。

一、总体要求

(一)指导思想。以习近平新时代中国特色社会主义思想为指导,全面贯彻党的十九大和十九届二中、三中全会精神,紧紧围绕统筹推进"五位一体"总体布局和协调推进"四个全面"战略布局,落实新发展理念,坚持高质量发展,以开展家庭农场示范创建为抓手,以建立健全指导服务机制为支撑,以完善政策支持体系为保障,实施家庭农场培育计划,按照"发展一批、规范一批、提升一批、推介一批"的思路,加快培育出一大批规模适度、生产集约、管理先进、效益明显的家庭农场,为促进乡村全面振兴、实现农业农村现代化夯实基础。

(二)基本原则。

坚持农户主体。坚持家庭经营在农村基本经营制度中的基础性地位,鼓励有长期稳定务农意愿的农户适度扩大经营规模,发展多种类型的家庭农场,开展多种形式合作与联合。

坚持规模适度。引导家庭农场根据产业特点和自身经营管理能力,实现最佳规模效益,防止片面追求土地等生产资料过度集中,防止"垒大户"。

坚持市场导向。遵循家庭农场发展规律,充分发挥市场在推动家庭农场发展中的决定性作用,加强政府对家庭农场的引导和支持。

坚持因地制宜。鼓励各地立足实际,确定发展重点,创新家庭农场发展思路,务求实效,不搞一刀切,不搞强迫命令。

坚持示范引领。发挥典型示范作用,以点带面,以示范促发展,总结推广不同类型家庭农场的示范典型,提升家庭农场发展质量。

(三)发展目标。到 2020 年,支持家庭农场发展的政策体系基本建立,管理制度更加健全,指导服务机制逐步完善,家庭农场数量稳步提升,经营管理更加规范,经营产业更加多元,发展模式更加多样。到 2022年,支持家庭农场发展的政策体系和管理制度进一步完善,家庭农场生产经营能力和带动能力得到巩固提升。

二、完善登记和名录管理制度

(四)合理确定经营规模。各地要以县(市、区)为单位,综合考虑当地资源条件、行业特征、农产品品种特点等,引导本地区家庭农场适度规模经营,取得最佳规模效益。把符合条件的种养大户、专业大户纳入家庭农场范围。(农业农村部牵头,林草局等参与)

(五)优化登记注册服务。市场监管部门要加强指导,提供优质高效的登记注册服务,按照自愿原则依法开展家庭农场登记。建立市场监管部门与农业农村部门家庭农场数据信息共享机制。(市场监管总局、农业农村部牵头)

(六)健全家庭农场名录系统。完善家庭农场名录信息,把农林牧渔等各类家庭农场纳入名录并动态更新,逐步规范数据采集、示范评定、运行分析等工作,为指导家庭农场发展提供支持和服务。(农业农村部牵头,林草局等参与)

三、强化示范创建引领

（七）加强示范家庭农场创建。各地要按照"自愿申报、择优推荐、逐级审核、动态管理"的原则，健全工作机制，开展示范家庭农场创建，引导其在发展适度规模经营、应用先进技术、实施标准化生产、纵向延伸农业产业链价值链以及带动小农户发展等方面发挥示范作用。（农业农村部牵头，林草局等参与）

（八）开展家庭农场示范县创建。依托乡村振兴示范县、农业绿色发展先行区、现代农业示范区等，支持有条件的地方开展家庭农场示范县创建，探索系统推进家庭农场发展的政策体系和工作机制，促进家庭农场培育工作整县推进，整体提升家庭农场发展水平。（农业农村部牵头，林草局等参与）

（九）强化典型引领带动。及时总结推广各地培育家庭农场的好经验好模式，按照可学习、易推广、能复制的要求，树立一批家庭农场发展范例。鼓励各地结合实际发展种养结合、生态循环、机农一体、产业融合等多种模式和农林牧渔等多种类型的家庭农场。按照国家有关规定，对为家庭农场发展作出突出贡献的单位、个人进行表彰。（农业农村部牵头，人力资源社会保障部、林草局等参与）

（十）鼓励各类人才创办家庭农场。总结各地经验，鼓励乡村本土能人、有返乡创业意愿和回报家乡愿望的外出农民工、优秀农村生源大中专毕业生以及科技人员等人才创办家庭农场。实施青年农场主培养计划，对青年农场主进行重点培养和创业支持。（农业农村部牵头，教育部、科技部、林草局等参与）

（十一）积极引导家庭农场发展合作经营。积极引导家庭农场领办或加入农民合作社，开展统一生产经营。探索推广家庭农场与龙头企业、社会化服务组织的合作方式，创新利益联结机制。鼓励组建家庭农场协会或联盟。（农业农村部牵头，林草局等参与）

四、建立健全政策支持体系

（十二）依法保障家庭农场土地经营权。健全土地经营权流转服务体系，鼓励土地经营权有序向家庭农场流转。推广使用统一土地流转合同示范文本。健全县乡两级土地流转服务平台，做好政策咨询、信息发布、价格评估、合同签订等服务工作。健全纠纷调解仲裁体系，有效化解土地流转纠纷。依法保护土地流转双方权利，引导土地流转双方合理确定租金水平，稳定土地流转关系，有效防范家庭农场租地风险。家庭农场通过流转取得的土地经营权，经承包方书面同意并向发包方备案，可以向金融机构融资担保。（农业农村部牵头，人民银行、银保监会、林草局等参与）

（十三）加强基础设施建设。鼓励家庭农场参与粮食生产功能区、重要农产品生产保护区、特色农产品优势区和现代农业产业园建设。支持家庭农场开展农产品产地初加工、精深加工、主食加工和综合利用加工，自建或与其他农业经营主体共建集中育秧、仓储、烘干、晾晒以及保鲜库、冷链运输、农机库棚、畜禽养殖等农业设施，开展田头市场建设。支持家庭农场参与高标准农田建设，促进集中连片经营。（农业农村部牵头，发展改革委、财政部、林草局等参与）

（十四）健全面向家庭农场的社会化服务。公益性服务机构要把家庭农场作为重点，提供技术推广、质量检测检验、疫病防控等公益性服务。鼓励农业科研人员、农技推广人员通过技术培训、定向帮扶等方式，为家庭农场提供先进适用技术。支持各类社会化服务组织为家庭农场提供耕种防收等生产性服务。鼓励和支持供销合作社发挥自身组织优势，通过多种形式服务家庭农场。探索发展农业专业化人力资源中介服务组织，解决家庭农场临时性用工需求。（农业农村部牵头，科技部、人力资源社会保障部、林草局、供销合作总社等参与）

（十五）健全家庭农场经营者培训制度。国家和省级农业农村部门要编制培训规划，县级农业农村部门要制定培训计划，使家庭农场经营者至少每三年轮训一次。在农村实用人才带头人等相关涉农培训中加大对家庭农场经营者培训力度。支持各地依托涉农院校和科研院所、农业产业化龙头企业、各类农业科技和产业园区等,采取田间学校等形式开展培训。(农业农村部牵头,教育部、林草局等参与)

(十六)强化用地保障。利用规划和标准引导家庭农场发展设施农业。鼓励各地通过多种方式加大对家庭农场建设仓储、晾晒场、保鲜库、农机库棚等设施用地支持。坚决查处违法违规在耕地上进行非农建设的行为。(自然资源部牵头,农业农村部等参与)

(十七)完善和落实财政税收政策。鼓励有条件的地方通过现有渠道安排资金,采取以奖代补等方式,积极扶持家庭农场发展,扩大家庭农场受益面。支持符合条件的家庭农场作为项目申报和实施主体参与涉农项目建设。支持家庭农场开展绿色食品、有机食品、地理标志农产品认证和品牌建设。对符合条件的家庭农场给予农业用水精准补贴和节水奖励。家庭农场生产经营活动按照规定享受相应的农业和小微企业减免税收政策。(财政部牵头,水利部、农业农村部、税务总局、林草局等参与)

(十八)加强金融保险服务。鼓励金融机构针对家庭农场开发专门的信贷产品,在商业可持续的基础上优化贷款审批流程,合理确定贷款的额度、利率和期限,拓宽抵质押物范围。开展家庭农场信用等级评价工作,鼓励金融机构对资信良好、资金周转量大的家庭农场发放信用贷款。全国农业信贷担保体系要在加强风险防控的前提下,加快对家庭农场的业务覆盖,增强家庭农场贷款的可得性。继续实施农业大灾保险、三大粮食作物完全成本保险和收入保险试点,探索开展中央财政对地方特色优势农产品保险以奖代补政策试点,有效满足家庭农场的风险保障需求。鼓励开展家庭农场综合保险试点。(人民银行、财政部、银保监会牵头,农业农村部、林草局等参与)

(十九)支持发展"互联网+"家庭农场。提升家庭农场经营者互联网应用水平,推动电子商务平台通过降低入驻和促销费用等方式,支持家庭农场发展农村电子商务。鼓励市场主体开发适用的数据产品,为家庭农场提供专业化、精准化的信息服务。鼓励发展互联网云农场等模式,帮助家庭农场合理安排生产计划、优化配置生产要素。(商务部、农业农村部分别负责)

(二十)探索适合家庭农场的社会保障政策。鼓励有条件的地方引导家庭农场经营者参加城镇职工社会保险。有条件的地方可开展对自愿退出土地承包经营权的老年农民给予养老补助试点。(人力资源社会保障部、农业农村部分别负责)

五、健全保障措施

(二十一)加强组织领导。地方各级政府要将促进家庭农场发展列入重要议事日程,制定本地区家庭农场培育计划并部署实施。县乡政府要积极采取措施,加强工作力量,及时解决家庭农场发展面临的困难和问题,确保各项政策落到实处。(农业农村部牵头)

(二十二)强化部门协作。县级以上地方政府要建立促进家庭农场发展的综合协调工作机制,加强部门配合,形成合力。农业农村部门要认真履行指导职责,牵头承担综合协调工作,会同财政部门统筹做好家庭农场财政支持政策;自然资源部门负责落实家庭农场设施用地等政策支持;市场监管部门负责在家庭农场注册登记、市场监管等方面提供支撑;金融部门负责在信贷、保险等方面提供政策支持;其他有关部门依据各自职责,加强对家庭农场支持和服务。(各有关部门分别负责)

(二十三)加强宣传引导。充分运用各类新闻媒体,加大力度宣传好发展家庭农场的重要意义和任务要求。密切跟踪家庭农场发展状况,宣传好家庭农场发展中出现的好典型、好案例以及各地发展家庭农场的好经验、好做法,为家庭农场发展营造良好社会舆论氛围。(农业农村部牵头)

(二十四)推进家庭农场立法。加强促进家庭农场发展的立法研究,加快家庭农场立法进程,为家庭农场发展提供法律保障。鼓励各地出台规范性文件或相关法规,推进家庭农场发展制度化和法制化。(农业农村部牵头,司法部等参与)

中央农村工作领导小组办公室农业农村部
国家发展改革委财政部自然资源部
商务部人民银行市场监管总局
银保监会全国供销合作总社国家林草局
2019 年 8 月 27 日